故事里的亲密关系心理学

俞菲尔 著

PSYCHOLOGY OF INTIMACY IN THE STORY

U0750842

民主与建设出版社

·北京·

© 民主与建设出版社，2020

图书在版编目（CIP）数据

故事里的亲密关系心理学 / 俞菲尔著 .-- 北京：
民主与建设出版社， 2020.4
ISBN 978-7-5139-2953-0

Ⅰ . ①故… Ⅱ . ①俞… Ⅲ . ①恋爱心理学 – 通俗读物
Ⅳ . ① C913.1-49

中国版本图书馆 CIP 数据核字（2020）第 038946 号

故事里的亲密关系心理学
GUSHI LI DE QINMI GUANXI XINLIXUE

出 版 人	李声笑	
著　　者	俞菲尔	
责任编辑	程　旭	
封面设计	WONDERLAND Book design 仙境 QQ:344581934	
出版发行	民主与建设出版社有限责任公司	
电　　话	（010）59417747　59419778	
地　　址	北京市海淀区西三环中路 10 号望海楼 E 座 7 层	
邮　　编	100142	
印　　刷	天津旭非印刷有限公司	
版　　次	2020 年 4 月第 1 版	
印　　次	2020 年 4 月第 1 次印刷	
开　　本	880 毫米 ×1230 毫米　1 / 32	
印　　张	8.5	
字　　数	180 千字	
书　　号	ISBN 978-7-5139-2953-0	
定　　价	42.80 元	

注：如有印、装质量问题，请与出版社联系。

目　录

一、孩童的两大诉求

孩童的两大主要需求是归属感和确认自己的重要性。

——珍·尼尔森博士《正面教育》

归属感：归属感是指一个人感到自己被无条件的接纳，无论表现如何，都感到自己被爱、被认同。

确认自己的重要性（价值感）：自我价值感，是指个体看重自我，觉得自我的才能和人格受到社会重视，在团体中享有一定地位和声誉，并在得到良好的社会评价时产生的积极情感体验。

当小孩的归属感和确认自己重要性的需求没有得到满足时，他/她就会觉得沮丧，继而进一步受到创伤（见图1）。

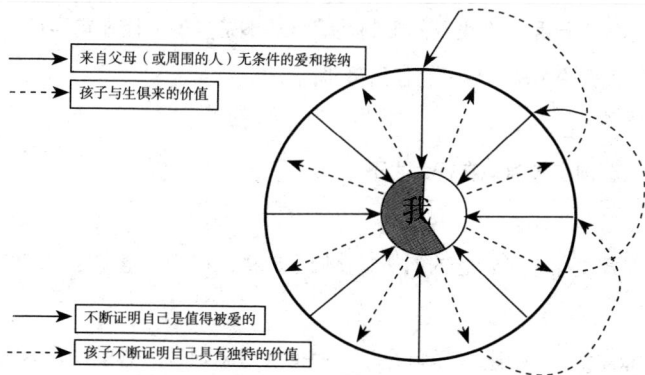

来自父母（或周围的人）无条件的爱和接纳
孩子与生俱来的价值

我

不断证明自己是值得被爱的
孩子不断证明自己具有独特的价值

图1

二、限制性信念

一个普通人的脑子里每天大约会产生5.5万个想法，其中大多数都是旧有的想法，许多想法从儿时起就在我们的脑子里。我们的脑袋就像一台可以录音的录音机，不断重复播放相同的想法，我们得到的是坚定不移的信念。

——《拥有一切》阿诺·培顿

内在小孩四大显著特征：任性、脆弱、情绪化、狭隘。

任性：他们应该满足我所有的需要，所有人都应该以我为中心；

脆弱：非常敏感的，能轻易感受到来自外界的变化，容易受到伤害；

情绪化：高兴了就笑，不开心了就哭，会哭闹、抱怨、撒娇、甜言蜜语、装可爱；

狭隘：以自我视角思考问题，认为自己和世界就是如此。

因为孩童的特点，他们很容易产生限制性信念，即我是不值得爱的，没有人爱我，我不好，我是被遗弃的，我很孤独，这个世界没有爱，等等。

你对自己和这个世界的限制性信念都不是真的，让你觉得自己很渺小或不优秀的想法对你没有任何帮助。

三、创伤被隐藏在行为之下

对于童年未被治愈的创伤，我们会选择以掩盖甚至彻底遗忘的方式去对待。

掩盖即把创伤置于落叶之下，而彻底遗忘则是把这些令我们痛不欲生的创伤丢进黑暗的储藏室（潜意识），直至忘记。

但是这些被忘记的创伤产生的行为模式无时无刻不支配着我们的行为，而我们对此却并不知晓。

长大以后，我们大部分的情绪和选择都是受这些曾有过的创伤产生的行为模式支配，就像我们看到一辆汽车在路上跑，但是却看不到它的发动机运转。

四、亲密关系的本质

亲密关系中的另一半对你来说，是最接近你父母的角色。

它让我们有机会去发现并治愈那些旧伤，去改变衍生自伤痛的错误想法，进而重新认知原本的自己。

亲密关系的本质不是帮你找到爱，而是通过你的伴侣找到你自己，因为你就是爱本身。

反过来，如果你能通过一系列的练习重新认知自己、疗愈自己、完善自己，那么你就会遇到属于你的爱情。

CHAPTER 引子
世界就是你，你就是世界
SHIJIEJIUSHINI, NIJIUSHISHIJIE

01

酒吧里的空气污浊又充满动感，但是薛美杉却觉得浑身发冷，就像无数的冰针扎在身上，有一种疼痛、深刻而又缜密的感觉。

YE.CC是北京最繁华的酒吧之一，在情人节这一天更是人满为患，彭簌簌纵是人脉通达，也是费了好一番周折才拿到了几张入场券，拉着一帮朋友来过情人节。

任嘉莹和张欣宇在舞池里一会儿停下来甜蜜接吻，一会儿又发癫了似的、拼命地摇晃着身体，薛美杉则独自一个人坐在卡座里喝酒，这已经是她喝的第三杯Margarita（玛格丽特）了。

她有点担心任嘉莹这样不要命，脑袋会不会被甩出去？薛美杉自顾自想着事情，也自顾自地笑着，她觉得她不用为他们担心，他们很幸福，幸福的人是天使。

酒保又给薛美杉端来一杯鸡尾酒，橙黄色的液体，有橙汁的味道，中文名叫激情海岸。她忽然想起大学时看过的一部电影，也是这个名字，但那是一部文艺爱情片。她记得片中的男主好像叫嘉文，当嘉文唱起那首悲伤的苏格兰民谣时，她哭得稀里哗啦……

薛美杉觉得，她应该酝酿酝酿情绪，然后哭出来，但是她无法做到。她很难过，这种难过就横在那儿，不走，也不出来，就那么明晃晃地停在胸口。

这时，彭簌簌拖着一个高大的男生向这边走来，快走到卡座的时候，彭簌簌在男生的耳朵边低语了几句，然后，男生的脸上便绽放出一种心领神会的笑意。

男生的脸部轮廓很清晰，应该是混血儿，眼睛是蓝灰色的，仿佛可以摄人心魂。

今晚，薛美杉穿了一件黑色镶水钻的短礼服，烈焰红唇，神秘性感，但是也拒人于千里之外。男生犹豫了片刻，还是坐在了薛美杉的对面，彭簌簌左右看了一下，便像一条鱼一样，软绵绵地靠在薛美杉的身上，"美杉，Sandy。"

男生起身，用发音怪异的中文说道，"你好，我是布鲁斯！"

薛美杉礼节性地点了点头，晃了一下杯里的酒。

彭簌簌咬着薛美杉的耳朵，低笑道，"大小姐，今天是情人节，别这样啦！"

彭簌簌拿起薛美杉的杯子，浅酌了一口。

薛美杉斜睨了彭簌簌一眼，脸色微红，但又不便声张，便伸手在桌子底下狠狠地掐了一把彭簌簌的腰。

彭簌簌笑得花枝乱颤，然后起身，像一条鱼摇曳着走进了舞池。

薛美杉今晚不太想说话，更何况对面还是一个连中文都说不好的外国人。

薛美杉一只手晃着酒杯，一只手紧紧握着手机。

从接到陆涵的短信开始，她就一直保持着这个姿势，已经快一个小时了，此时此刻，她的手指有些发麻。

有几分钟，薛美杉的脑子里一直回荡着彭簌簌的话。是的，她需要放松一下了，不然真的不知道会不会崩溃掉，特别是陆涵竟然发了这样一条短信。

薛美杉终于正眼看了一下布鲁斯，然后扯唇笑了笑。

布鲁斯端起酒杯，把杯中酒一饮而尽，薛美杉留意到，布鲁斯的喉结动了动。这个微小的动作，让薛美杉很不舒服。

布鲁斯站起身，然后坐到薛美杉一侧，薛美杉抽了抽鼻子，她不太喜欢布鲁斯身上的香水味，太过浓烈。

最重要的是，她不喜欢他的名字，blue是蓝色，这让她想到蓝庭轩。

薛美杉不由自主地往里面倾了倾身子，坚持了几分钟，便站起身，指了指对面，"厕所！"

布鲁斯没有起身，薛美杉也没理会，一个人往外走。她没有去厕所，而是一转身，急匆匆走到吧台。

薛美杉付了一桌的酒水钱，然后拎着一瓶酒，慌不择路地向酒吧的小门走去。

出了酒吧的门，薛美杉才想起来，自己的大衣还在酒吧的存衣间里。

薛美杉想回去取，刚推开酒吧的小门，就被巨大的声浪推了出来。她双手抱着肩，转身向巷口走去。

不知道什么时候，天上零零星星地飘着雪花，落在肌肤上，比针扎还痛。

薛美杉的嘴角抽动了一下，笑了笑，然后眼泪便再也控制不住，落了下来，陆涵一个人还不够，就连老天也这样蛮横无理地欺负人。

陆涵是谁？

这个有些比较难下定义，他曾是薛美杉的男朋友，但现在不是了。

为什么这么说？是因为，在很长的一段时间里，陆涵暗暗喜欢着薛美杉，但是在薛美杉的眼里，陆涵仅仅只是比路人好一些的伴随。

他们是高中同学。

陆涵属于现在比较流行的经济适用男，从事项目管理工作，有房有车，老实可靠，但这些特质并不在薛美杉的爱情字典里，直到乔潜卷款潜逃之后，薛美杉才顿悟，她要结婚，她要找一个安全可靠的人结婚，很显然，陆涵就是一个不错的选择。

在各路同学的撮合下，薛美杉决定屈尊降贵，和陆涵交往，当然，这个说服自己的过程并不顺利，从去年"十一"开始，一直拖到了今天的情人节。

薛美杉本来打算，等忙过 NAP.L 的提案，她就接受陆涵的追求。二人交往几个月，如果来得及，可以赶在国庆节结婚。

可是，很显然，陆涵等不及了，他很快就要结婚了，而新娘却不是自己。

这个短信带给薛美杉的打击甚至比乔潜卷款潜逃还大。

她明明都妥协了啊，已经妥协到无路可退，但为什么？为什么陆涵还要在她的伤口撒上一把盐？

陆涵要结婚了，薛美杉却感觉自己已经被整个世界抛弃了。

薛美杉失魂落魄地走在雪夜里，哭得有些歇斯底里，忽然一个下沉，她惊得停止了哭声，大气都不敢出一下。

低头一看，细长的高跟鞋陷在了下水道铁算子的缝隙里了，薛美杉挪动了一下，没有拔出来，又挪动了一下，无果，然后就较上了劲一般，狠命地挣扎，很快，脚面上就被勒出一道深深的血痕。

又挣扎了一会儿，鞋跟就像被一个黑魔手狠狠扯住了一般，越挣扎越无助。

薛美杉停止了挣扎，把脚从鞋里抽出来，然后把另外一只鞋也甩掉，光着脚，继续向路口走去……

薛美杉把沙发前的波斯地毯拉到墙角，然后双手抱膝，狠命地想，陆涵为什么一定要选在情人节这天告诉她这个消息。

他恨她，他肯定是恨她，对不对，不然为什么一定要选这个日子？

就像乔潜一样，特意选在了七夕节那天，卷走了FAVOUR的一百多万，乔潜也是恨她的，对吧？那蓝庭轩呢，蓝庭轩曾经对她那么好，为什么也选了一个特别的日子，和她说分手呢？

他们都恨她，可是她更恨他们，他们一个接着一个，一个比一个凶狠，把她毁了，彻底毁了，这辈子，她再也不会有幸福了，她已经失去了所有的气力。

薛美杉把最后一杯酒倒进了肚子里，身子蜷缩着委顿下去，一直下沉、下沉，就像沉入海底。

02

海浪像一堵堵移动的城墙，呼啸着朝薛美杉袭来。

所有的高楼大厦，扭动着，抖动着，像在跳舞，破碎的玻璃漫天飞落，如舞池里疯狂的镭射灯光。

红色的高跟鞋再次陷进了铁算子里，任凭薛美杉怎么努力，也拔不出来。

薛美杉抬头看到了一个模糊的身影，好像是陆涵，她铆足了力气，大喊，"陆涵，救我！"

好像是回声一样，不知道从什么地方也传出这样一句话，薛美杉回头，就见陆涵正抱起一个长发绿衣的女孩，转身离去。

薛美杉再回头，就看见一辆红色的宝马跑车，被一种莫名的力量卷起，朝着薛美杉的方向坠落，海浪变得和火山的熔浆一样热，再一次把薛美杉包裹起来。

陷落的情景反复出现，只是转身离去的人一会儿是陆涵，一会儿是乔潜，一会儿又变成了蓝庭轩……

在一个巨大的玻璃穹顶的房子里，争吵声一浪高过一浪。

薛美杉侧耳倾听，却什么也听不到，但是隐约中可以判断，这是一场大审判，全世界的领袖们正在争论着，世界陷落的罪魁祸首，到底是谁？所有人都说自己是无辜的，所有人都不想为此承担责任。

不过最后的一些对话，薛美杉还是听清楚了。

甲说："对，对，是这个道理，别说这自然界，你看看现在的人类，看看，像什么话？男人不像男人，女人也不像女人了。男不婚，女不嫁，这才导致自然界的内分泌失调啊。"

听及此，薛美杉恨不得立马爬起来，狠狠地甩过去一篮子臭鸡蛋。

接着，乙说："哎，是呀。上天创造男女，本是希望这男女在一起以达到阴阳平衡，可是现在，那么多男女无法结合，男人埋怨女人，女人怨恨男人，天地间已然被一股怨气笼罩，这人间怎能阴阳平衡呢？哎！"

最后，经过漫长的审判，但凡掌管姻缘的大小主事者被关进大牢，改过自新。

梦境中，一个穿着白色麻布长衫的老者缓缓出现在薛美杉眼前。她静默了一会儿，拿起遥控器，一抬手，玻璃幕墙忽然变成白色，然后上面依次呈现出12个形态各异的女人。

薛美杉疑惑地看向老者。

老者的声音温和又庄严，"她们和你一样，也都在被情所困。"

薛美杉扯了扯嘴角，呵呵笑了一声。

老者像是看透了薛美杉，"你是一个聪明又努力的女孩儿，年纪轻轻，就有一份不错的事业……"

薛美杉木然地看着前方，不为所动。

"是不是只有感情让你无能为力，无论你怎么努力，都找不到幸福，只有无尽的痛苦一遍一遍地折磨着你！"

薛美杉终于撑不住，抱住膝盖，泪流不止。

"你真的打算放弃了吗？"

薛美杉没有点头，也没有摇头。

"一个爱人，一个家，一个孩子……这些，你都不想要了吗？"老者的声音虽然平静，却有着深入灵魂的力量。

薛美杉抬起泪眼，注视着老者。

"或许，你可以尝试一下，去帮助她们，你们一起，一起去找到一条通向幸福的道路！"老者耐心地引导着薛美杉。

"可是帮助她们和我有什么关系呢？"薛美杉拧着眉，问道。

"拯救了她们，就拯救了你自己。"

　　薛美杉皱着眉，困惑地看着老者，但是老者的身影却一点点淡去，最后就像一滴水消失在大海里。

　　房间里，只飘荡着一句话，"世界就是你，你就是世界！"

CHAPTER 01

我那么爱他，
他为什么要背叛我？

做受害者还是选择自我负责？
你的心态决定你的幸福指数！

导 语

_你的周围没有别人，只有你自己，只有你能为自己负责。

_有受害者的地方就有拯救者和迫害者，如果我们不试图跳出受害者的角色，那么在亲密关系中，我们只能恶性循环，所以开启幸福之旅的第一步，便是跳出受害者角色的心理牢笼。

_受害者角色是一把刀，伤人伤己，与过往和解，才是出路。

_诚实是让我们看清真相的唯一方法。

01

薛美杉有些费力地睁开眼。

窗外依旧下着雪，天色苍茫，有两束橘黄色的灯光透过窗口打进来。

福尔马林（甲醛的水溶液）的味道有些刺鼻，薛美杉猝不及防地打了一个喷嚏，牵扯得胸腔和脑仁都疼，嗓子也不舒服，像被细砂纸打磨过一般。

薛美杉蜷了蜷身子，又想睡。

"美杉姐。"背后有熟悉的声音响起。

薛美杉扭转了身子，"米琪。"细若蚊声。

姜米琪伸手探了探她的额头，"你终于醒了！"

薛美杉又咳了一声，"提案没过吧？"

"嗯。"姜米琪点了点头，"不过……"

还没等姜米琪说完，薛美杉便低笑道，"没过也好，总算是解脱了！"嘴唇干裂而苍白。

NAP.L 是一间知名的化妆品公司，三个月前，FAVOUR 拿到了 NAP.L 公关供应商的竞标机会。

这三个月来，他们无日无休，希望能拿下这个案子，结果还是失败了。

不过这样也好，这样，她就终于不用再面对黎南行了。

FAVOUR 成立三年以来，承接了不少公关项目，但是从未像这次这么艰难过。

受害者心理的典型特征之一，遇到困难轻易放弃。

她想，她和黎南行，可能是有些犯冲。

姜米琪赶紧摆了摆手，"下午我们正在开会，黎总接到了你的电话，然后我们就都去你家了，所以提案要下周再过一次会。"

薛美杉一听，原本苍白的一张脸瞬间就泛起红晕。

昨晚，她喝醉了，但是喝醉之前的大部分情形她还是记得的。

从酒吧出来后，她光着脚走过一条小街才打到车，然后下车的时候，又跌了一跤，弄得满身都是泥水。回到家，她坐在地板上又开始喝酒，把剩下的半瓶红酒都洒到了身上。

薛美杉抬起一只手遮住脸，她觉得昨晚简直就是她整个人生里最黑暗的时刻。

姜米琪见薛美杉这个样子，忍不住低笑道："黎总好像很关心你。"说完，眼角还向床尾扫了一下。

薛美杉霍地一下坐起来，果然，就对上了一双冷森森的目光，她没有想到，黎南行竟然就站在病房里。

薛美杉赶紧把露在被子外的脚抽回来，然后又下意识摸了摸头发，再是肩膀。还好，衣服已经换了，不是她昨晚那件裹了一身泥的露肩小礼服，只是头发有些干枯蓬乱。

薛美杉万分窘迫地把膝盖屈起来，"黎总。"

黎南行站在窗边，一言不发，不知是背着光的缘故还是他确实很生气，总之脸色看起来很不好看。

薛美杉更加局促不安，"黎总，不好意思。"

　　她想，他这样冷着脸估计是怪她耽误了他一下午的时间，其实不只是今天下午，还有这三个月，他们频繁出错，还屡教不改。

　　黎南行伸手从椅子上拿起一件黑色的羊绒大衣，然后抬步往外走，走到门口又回头，语气冰冷，"FAVOUR如果决定退出，麻烦在下周一前，通知陈艳玲。"

　　陈艳玲是NAP.L化妆品的市场总监。

　　黎南行推门的力度有点大，门被弹回来的时候，带进了一大股冷风，冷风扫过薛美杉的脸，她感觉脸上疼，眼睛也疼。

　　从昨晚接到陆涵的短信到现在，她没有掉过一滴眼泪，现在却忽然很想哭。她目光漠然地向前看，却仿佛看到了自己——一个无家可归的孤儿，站在广漠的荒原上。

　　所有的人都背离她而去，蓝庭轩背叛她、乔潜欺骗她、陆涵无视她，而黎南行也开始厌烦她了。

　　她忽然觉得自己好可怜！

02

　　喝了一碗小米粥后，薛美杉又睡着了，在睡梦里，她终于可以放声大哭，一种肝肠寸断的悲伤裹挟了全身。

　　哭着哭着，忽然有一只手抚上她的肩头，那只手轻柔而温暖，像抚在她的心上。

　　"米琪，不是让你回去了吗？"薛美杉抽泣着道。

　　"回到哪里去呢？"声音又响起，低沉而温暖。

薛美杉赶紧翻转了身子，坐在椅子上的不是姜米琪，而是一个白发老者，老者的脸上散发出一层温柔的光。

"你是？"薛美杉抹了抹眼泪，赶紧坐起来。

"不记得我了？"

薛美杉拧眉思索了半天，最后还是摇头，她没有年龄这么大的朋友，也没有这种喜欢奇装异服的朋友。老者穿的不太像是这个时代的服饰，准确来说是一件纯白色的麻布袍子。

"世界就是你，你就是世界！"这句话忽然又在房间里响起。

"你是月老？"

薛美杉想起了电影《盗梦空间》里的一句台词，"我都不知道，现在的我到底是存在于现实世界，还是在梦里。"

薛美杉看着老者的样子，禁不住大笑出来，但是笑了一会儿，又开始哭……

她有什么能力去拯救别人呢？现在的她，感情没有着落，事业又停滞不前，她才是这个世界上最糟糕的可怜虫啊！

老者好似有洞穿人心的本领，"是不是觉得现在的自己很糟糕？"

薛美杉的泪水如水晶般滑落。

"那不妨把这些糟糕的感受讲出来。"老者的眼睛里含着满满的赤诚。

薛美杉看了老者一眼，有些犹疑。

老者把薛美杉的手放在自己的手心里，好似有一种温

> 受害者心理特征之二，总会觉得自己很糟糕，事事不如意。

受害者心理特征之三，所有的问题都是别人逼迫造成的。

暖且安全的力量。

"其实，我并不喜欢陆涵。可是我受不了我爸妈天天催我，我就自我催眠，差不多就行了，我花了很长的时间说服我自己。可是，当我终于想通了之后，陆涵却告诉我，他要结婚了。"

薛美杉仰着头，但是泪水还是控制不住往下落，"他说过喜欢我的，可是现在却要和别人结婚了，我觉得很讽刺。"

老者给薛美杉递了一张纸巾，"所以你？"

"我觉得很难过，很丢脸，很受伤，不可理解。"

受害者心理特征之四，一切都是别人的错。

"那会不会是他在有意报复你？"老者问道，"毕竟人家喜欢了你那么久，你却一直都不给回应。"

是的。

薛美杉也是这么想的，所以听完老者的话，她禁不住重重地点了点头。

"那么乔潜呢？"老者又问。

提起乔潜这个名字，薛美杉就气得直发抖。当初他说一个项目资金周转困难，她毫不犹豫就给他转了一百万，结果没两天，他就卷款潜逃了。

受害者心理特征之五，潜意识里喜欢获得别人的同情，这样就可以毫无压力的把责任推给别人。

如果不是乔潜，她想，FAVOUR 也不会走到如此艰难的境地。

老者叹了一口气，"这么善良的你，他都不知道珍惜，哎，可真是太可恶了。"

薛美杉一听，忽又觉得肝肠寸断，眼泪也禁不住簌簌地往下落。

"你喜欢乔潜是因为蓝庭轩吗？"

薛美杉诧异地看着老者，"你怎么知道？"

"因为不甘心，所以见到和蓝庭轩很相似的乔潜，想也没想，就喜欢上了。所以，还是因为蓝庭轩，对吗？"

蓝庭轩是比薛美杉高一个年级的学长，两个人从大学开始谈恋爱，到工作，前前后后，一共谈了五年。但是在第六个年头的情人节那天，他们分手了，因为蓝庭轩喜欢上了别的女孩。

这件事对薛美杉的打击很大，她还因此得了轻度抑郁症，治疗了一年才好。抑郁症虽然好了，但是心里的伤痛还无法抹去。

老者的话，把薛美杉心口的伤又撕开了，她把脸扭过去，哭声压抑又悲切。

"很痛，对吗？"老者把薛美杉抱在怀里，温柔地拍着她的背。

岂止是痛，简直是万箭穿心！

薛美杉转过身伏在老者的肩头上，极力地压抑着自己的情绪，声音也破碎不堪，"我曾经以为，就算全世界都背叛我，蓝庭轩也不会。"

她虽然不愿意再回忆当日的情景，但是，不知道为什么，那种撕心裂肺的疼痛依旧在侵袭着她。

03

薛美杉哭了半晌才停止抽噎。

老者扶正了薛美杉的身子，然后指了指她的手。

> 受害者心理疗愈第一步，要先承认自己受伤这件事，我承认它，它是既定事实。现实中，会有一部分受害者人格的人，虽然经常抱怨、喜欢把责任推给别人，但是他们也选择把真正受伤的事情隐藏起来，不愿意正视，这将使疤痕永在，受害者心理无法被疗愈，因为受害者心理而引发的其他行为模式，也无法被及时修正。

薛美杉低头一看，她的手上竟然有一把刀！

老者笑了笑，好像是在鼓励她，"嗯，把手攥起来。"

病房里的灯光虽然昏暗，但是刀刃上闪耀的寒芒，依旧让人胆战心惊。薛美杉一哆嗦，赶紧把刀扔了出去。

"这把刀，你知道扔出去，可是另外一把刀，为什么却要紧紧地攥着呢？"老者语态平和地问道。

"嗯？"薛美杉下意识看了看自己的左手，什么也没有。

"这些伤心的往事，是不是每想起一次，就痛一次？"老者的眼神里满是悲悯，"那为什么不把这把刀也扔掉呢？"

薛美杉急切地问道，"怎么做，才能把这把刀也扔掉？"

Look, if you want my help, you're gonna have to be completely open with me.（如果你需要我的帮助，你必须对我完全地开诚布公。）

老者又坐回到椅子上，眼睛直视着薛美杉，"还记得这句话吗？"

"这是《盗梦空间》里面的一句台词。"

老者点了点头，"是的。"

"你喜欢吃糖吗？"老者忽然又问道。

"吃糖？不，我喜欢喝咖啡。"

"我说的是小时候。"

"当然。"

"如果妈妈不让你吃呢？你会怎么办？"

受害者型人格喜欢把创伤一次次演示给别人看，以期获得同情，但其实每一次展示都会加深伤痕，并固化受害者行为模式。

在心理学疗愈过程中，治愈者需要从被治愈者那里得到承诺，诚实便是一种承诺，这是进行疗愈的一个前提。

"我会哭啊，还有，我会故意装作生病的样子。"

"生病了需要吃药，然后就可以吃糖了，对吗？"

薛美杉眸光闪烁，"你怎么知道？"

"因为我也这么干过。"老者笑了笑，像个老顽童。

"真的吗？"薛美杉也跟着笑起来。

老者耸了耸肩，"当然，而且我敢保证，大部分的小孩，都会因为想吃糖而哭过闹过，甚至撒谎，因为只有这样，父母才会妥协，我们才能吃到糖。"

老者说着，忽然从床头柜上拿出一颗糖块来，"你小的时候，有偷偷藏过糖吗？"

"是的，我经常会把糖藏在枕头下面。"

"如果妈妈说，你只要诚实，就会拥有一颗更大的糖块，那么你会把枕头下的糖块拿出来吗？"老者又问道。

薛美杉点了点头。

"糖块就是我们潜意识里想获得的好处。"老者摊开手，糖块在手里化掉，"所以我们选择哭，选择闹，选择把自己扮演成一个受害者，甚至选择撒谎。"

薛美杉指了指自己，"你是在说我吗？"

老者摇了摇头，"所有人。这是我们的潜意识里的一种利益驱动机制，为了拿到好处，我们总会选择撒谎。"

见薛美杉的眼神越发困惑，老者笑了笑，"可是，孩子，这些都不是真理。真理是，只有诚实才会获得更大的好处，而且是惊喜不断。"

薛美杉好似被说服了，不住地点头。

"所以，你愿意再用负责任的心态去看待那些过往吗？对自己诚实一些，直视自己的内心，而不是蒙骗自

> 心理学各种症状都讲求底因，也叫诱因，糖果在此处比喻诱因和好处。出于自我保护的心理运行机制，为了拿到好处，潜意识会催生出一系列行为以遮掩真实的目的。

> 人其实是需要不停自省及自我疗愈的，而自省和自我疗愈的前提便是诚实。

己。"老者顿了顿又道，"在背叛发生之前，假如你改变了，结果会有什么不同吗？"

"或许会不一样。"薛美杉的语气不是很肯定。

"那就试着想一想，你做了什么，结果会改变，记住，是你做了什么，而不是别人。"

薛美杉刚想开口，却被老者打断了，"不急，你可以好好想想。"

随后，老者站起身，"不早了，你也要休息了。"

"孩子，记得要诚实，只有诚实，才可以拿到最大的那颗糖块。"

说完，老者的身影再一次消失了。

04

薛美杉在医院只住了一天，便急匆匆出院了。她嘴上信誓旦旦说要放弃 NAP.L 的项目，但她心里，却还想奋力一搏。

薛美杉虽然情路不顺，却是个典型的工作狂，她一忙起来，就什么都不记得了，更别说吃饭了。

这一天，已经过了午饭时间，她还在电脑前，忙着审阅策划总监秦晓天提交的方案。

姜米琪推门进来，"美杉姐，该吃饭了。"

薛美杉头抬也没抬，"嗯，放那儿吧。"

姜米琪这一次没听薛美杉的，她逐一把餐盒打开，办公室里瞬间便飘溢着浓郁的菜香，"美杉姐，你的胃不好，赶紧吃吧，这已经是我热的第三遍了，快！"

姜米琪说完又转身去饮水机处烧热水。

在等水开的过程中，她不经意一回头，就见薛美杉正直愣愣地看着自己，"美杉姐，怎么了？"

薛美杉笑了笑，"米琪，谢谢你，真的，非常感谢。"

姜米琪是她的助理，一直以来，她都把姜米琪对自己的照顾当成理所当然，从未真诚地表达过谢意。

就如同当年，她把蓝庭轩的细心呵护，当成了理所当然的一模一样。

晚上，薛美杉洗完澡，早早就睡了，果然，老者又出现了。

"准备重新讲述你的故事了吗？"

薛美杉点了点头。

"我忽然意识到，其实大部分时间都是他在照顾我，而我好像就没有怎么关心过他。"

刚工作的第一年，蓝庭轩差不多每天中午都会过来陪她吃午饭，可是有的时候，她一忙就会把下楼吃饭这事给忘了。她和同事一起吃工作餐，等她吃完了，才忽然想起来，他还在楼下等她。

薛美杉闭上眼，想起的都是蓝庭轩对她细致入微的照顾。

可是，她对他呢？她好似从未关心过他，也未给过他真正的尊重。

"所以呢？"老者追问道。

"所以，如果我对他多一些关心、多一些尊重，或许我们还可以幸福地在一起，甚至结婚？"

受害者心理疗愈第三步，承认自己的问题，承担属于自己的责任。

"你是在问我吗？"老者忽然笑起来，"不过提到结婚这两个字，你好像并不是很确定的样子。"

薛美杉有些羞愧地低下头，她忽然意识到一个问题，她好像从未想过要和蓝庭轩结婚。

"以不同的心态去叙述这个故事，你的体验有什么不同吗？"

薛美杉认真想了想，"第一次讲述的时候感觉很痛，就好像痛苦的场面被重演了一遍。但是刚刚，很奇怪，我忽然轻松了很多，感觉有一些释然了！"

因为释然，薛美杉的脸上浮现出一层红润。

对此，老者也很开心，"哦，那可真是不错的体验。"

薛美杉忍不住追问道，"这就是你所说的更大的糖块吗？"

"你自己觉得呢？"

薛美杉有些不好意思地笑了笑，"我感觉舒服了很多。"

老者满意地点了点头，"这个糖块是比之前的那个大了，但还不是最大的。"

薛美杉忽然兴奋起来，"还有更大的吗？"

"那是自然，我们这才刚开始呢。"

老者说完，又拿出一张卡片，"你上学的时候，功课如何？"

此时的薛美杉，脸上放着光，有释然，也有期待，"还不错。"

"是因为聪明吗？"

"勤奋多一点儿。"薛美杉诚实地答道。

"所以你知道'温故而知新'这个道理，对吗？"

"自然。"

"这趟寻爱之旅的每一堂课，都要不停地温故而知新，要不停的去行动，去体验，才会有效果，懂吗？"

薛美杉点了点头。

老者把卡片递给薛美杉，卡片上写着一个名字，程晓楠。

05

程晓楠是一个时尚网站的主编，肤白貌美有个性。

这样完美的女人，也会遭遇背叛？薛美杉觉得有些不可思议。

会面的地点，在一间咖啡屋。

程晓楠刚落座，就掏出一支女士电子香烟，"不介意吧？"

薛美杉摇了摇头。

程晓楠见薛美杉一直在打量自己，禁不住笑了笑，然后把自己的手机递过去。手机里有一张年轻女孩的照片，女孩很胖，梳着童花头，脸上还有一些青春痘清晰可见。

"我！"程晓楠指了指自己，照片里的女孩和眼前的程晓楠，有云泥之别。

"这一切的改变，是因为他吗？"

程晓楠撇了撇嘴，"没办法，男人都喜欢漂亮的姑娘。"

所有的心理疾病都源于创痛，是创痛持续作用的结果，心理疗愈是一个反向过程，也需要持续的疗愈才能将创痛治愈。

受害者人格的人为了证明自己行为的合理性，会故意把对方的形象丑化。在《别找替罪羊》一书中，受害者形成的部分，有非常形象的介绍。

薛美杉却不这么认为，因为蓝庭轩选的那个姑娘一点儿都不漂亮，但是很温顺。

程晓楠和高林是同事，因为同一天入职，所以对彼此的关注就比对别人更多一些，一来二去，两个人就恋爱了。但是没多久，他们就遭遇了现实的危机，公司不允许同事之间谈恋爱，所以两个人只能走一个。就在程晓楠还在犹豫的时候，高林毅然决然选择了辞职。

"你是因为这个才爱上他的吗？"薛美杉问道。

程晓楠仰了仰头，再低头，眼底已经猩红一片，"对啊，这个男人都敢为我去'死'，我能不爱吗？不过后来，我才知道，能为你死的男人，也可以让你去死。"

高林辞职后，很快就被对手公司挖过去了，而且步步高升，两年多的时间，就爬到了总监的位置，也算是因祸得福。

"那一天鬼使神差，我约了一个客户去咖啡屋谈事，然后就看到他怀里抱着一个姑娘，他在喂那个姑娘吃草莓蛋糕。"

程晓楠虽然极力控制，但眼泪还是不受控制地流下来，"你知道最可笑的是什么吗？同样的姿势，同样的神情……是的，我们也经常去那间咖啡屋，选的卡座竟然都一样，呵呵。"

薛美杉递过去一张纸巾，程晓楠擦了擦眼角，"当时，我没有感觉到痛，就觉得眼前是一片白光接着一片白光，整个人有点晕。但是我没有过去，我丢下客户，一个人跑了，晚上他回家，我也没有提这件事。然后，我就不断自我催眠，没事，毕竟，他只是喂她吃东西，他对我是不一样的，他为我'死过'一次，不一样。"

薛美杉拉过程晓楠的手，眼神恳切，"如果难过的话，就哭出来吧！"

程晓楠摇了摇头，扯唇一笑，"没事。"

怎么可能没事？

接下来的三个月，程晓楠如同活在人间地狱，她时不时就会想起那天下午的情景，时不时就会眼前出现白光，还有耳鸣。因为精神不济，工作频频失误，最后，她连工作也丢了。

而在此期间，高林对于程晓楠的变化竟然毫无察觉。

"有一次，趁着他出差，我把他的东西收拾好，都扔了。"程晓楠又扯唇一笑，"他回来那天，天公作美，下了一整天的雨。我站在楼上，就看着他在小区里跑来跑去，呵呵，可是他回来晚了，他所有的东西早就被垃圾车拉走了。你不知道，他那个样子有多狼狈？哈哈。"

想起这段往事，程晓楠忽然大笑起来，但是笑中却透着悲怆。

在此之前，她也找人偷拍了他们的照片，然后又用他的邮箱群发给他的所有同事，所以，他的工作也丢了。他给了她爱，也给了她屈辱，那么她便照猫画虎，全部都还回去。

程晓楠笑完又哭，然后伸出胳膊，把一串翡翠珠子往上撸了撸，手腕处露出一条浅浅的粉红色伤痕，"本来以为

有一些受害者在被伤害之后，第一反应是否认这种伤害，并给这种伤害寻找合理的理由。

受害者特征之六，我人生中所有糟糕的事情都是拜别人所赐，是别人把我毁了，而我毫无责任。

受到伤害后，一部分受害者会继续加害自己，以期获得正义的支持，这其实也是不负责任的行为。

以牙还牙，我就可以解脱了，但是没有。分手后，我晚上还是睡不好，然后有一天，忽然脑袋一热，就在胳膊上划了一道子。不过所幸，最后我被救了回来，但是你知道，其实有些东西是回不来了。"

程晓楠说的是对男人的信任。

她和高林分手后没多久，就又谈了一个男朋友，然后，很快又换了一个。程晓楠自嘲地笑笑，她觉得，她这辈子都不可能再爱上别人了，而幸福，也会离她渐行渐远。

薛美杉完整地听完程晓楠的故事，然后便学着老者的样子，引导程晓楠从负责任的角度再去看待这件事。最开始，程晓楠是拒绝的，但是很快，她就投入了进去。

等程晓楠再抬头的时候，眼睛里已是水雾蒙蒙，"其实，我也有错。他离开原来的公司后，一路高升，而我还在原地踏步，我特别担心他会嫌弃我。所以那段时间，我总是可劲地折腾，每次看到他妥协，我心里才会觉得安稳，才会觉得，他还是爱我的。"

说完，程晓楠又开始自责起来，"不作不死，看来说的还挺有道理。"

薛美杉禁不住又想起老者昨晚和她的另外一段对话。

"这个世界上，几乎所有的人都受过伤害。但传统的心理疗愈法——精神分析法，是把你的问题经过层层分析，从而去找到源头和症结所在，然后去处理它。但这样的方法也有弊端，那就是，有时候伤痛会被扩大，越挖越深。"

"你的意思是，有更简单有效的方法，是吗？"

老者点了点头，"那便是和解，你改变不了过去，你改变不了对方，你改变不了任何人，你只有选择和解，和别人和解，也和自己和解。"

薛美杉把老者的这番话讲给程晓楠，"我想，负责任的心态，并不是要你去自责，而是帮助你放下过去。因为只有放下过去，我们才会拥有崭新的未来。"

"是呀，其实想想，我这两年可真是白恨了，而且还耽误了自己的大好青春。"此时的程晓楠一身轻松，和之前刚进咖啡屋的那个程晓楠全然不同。

不知为什么，见程晓楠如此，薛美杉的心里，也忽然涌起一股莫名的感动。她感觉到自己正在拿回原本就应该属于自己的力量。

她能看到自己的心里正在升腾起一束光，而之前，这里是一片晦暗。

06

回到公司后，薛美杉让姜米琪把给 NAP.L 的所有提案都整理出来，她要重新复盘一遍。

复盘之后，薛美杉有一个惊奇的发现。之前，她差不多把所有的问题都归结于 NAP.L 的苛刻——准确来说，是黎南行的苛刻。可是现在再看，事实却不尽然。

在过去的三个月，他们的确付出了很多努力，但是却未能及时准确地把 NAP.L 化妆品的独特优势提炼出来。没有这个，就算他们做更多的方案，也不过是无本之木。

> 负责任的心态是对自己负责，对自己的未来负责，而不是主动揽责和自责。

> 受害者心理疗愈第四步，放下过去，面向未来。

> 负责任心态不止是可以应用于亲密关系，其实可以应用于生活的方方面面。

怪不得黎南行每次都会批评他们的方案华而不实。

看清了问题所在，薛美杉便立即行动起来。她想，离下次提案还有四天的时间，应该来得及。

薛美杉拿出一沓打印纸，开始在上面写写画画，而关于NAP.L的推广主题，也在她头脑中越发成型起来。

可是，写着写着，一张白纸上却忽然出现了一行行字迹：

我的生活，由我来做主，而不是别人。

一切的发生都和我有关，而不是取决于别人。

不同的心态，会造就不同的人生，亲爱的美杉，出发吧！

笔还在动，在白纸的下方，出现了一个落款：S。

S又是谁？

薛美杉禁不住自问道，但是对于即将开启的旅程，她却是越发充满期待。

扩展阅读

一、受害者心态

所谓受害者心态，即：我今天之所以变成这样，都是你的错。你所说的、所做的，或是你没说的、没做的，都非常严重地伤害了我，让我痛苦。有受害者心态的人往往无法对自己的生命负责，他能做的，就是自怨、自艾、自怜。

关键词：都是别人的问题，我无能为力，好痛苦。

二、受害者心态的成因

受害者心态来自于童年未被治愈的创伤的重演。

三、受害者牢笼

有受害者，就会吸引拯救者；有拯救者的地方，就会出现灾难（受害者）；有受害的地方，就会出现迫害者。

所以一旦进入受害者牢笼，就很难跳出来，而扮演受害者，便会不断吸引拯救者及迫害者，亲密关系将进入"死循环"。

所以，要想开启一段崭新的亲密关系，首先要跳出"受害者牢笼"。

四、看清扮演受害者的好处

1.通过表演可怜的、绝望的、沮丧的受害者形象获得其他人的同情。

2.通过愤怒的情绪表达不满，进而获得批判对方的理由，但是无意识中又成为迫害者。

3.无论发生了什么，我都无须承担责任，也无须改变，以此证明我是对的，我是值得被爱的。

五、跳出受害者模式

1.有更大的好处等着我。

2.如果时光倒流，我该如何做，结果才会不一样。

3.我改变不了过去，也改变不了别人，我能改变的只有自己。

　　4.我与过去和解，选择放下。

　　5.我本身一切俱足，没有受害者。

六、练习

　　1.记录下在你过往的人生中曾经深深伤害过你的5件事，分别用受害者心态与负责任心态叙述，体验这个过程中感受的不同。

　　2.闭上眼睛，邀请曾经伤害过你的人来到你的面前，大声地对他们说，我已经原谅了你们，我已经拿到了正向的力量，我要开始新的生活了，然后再一个个把他们送走。（备注：可以反复练习，直到把曾经伤害你的人和事都了结。）

　　3.我的承诺：在以后的人生中，我承诺将以＿＿＿＿＿＿＿＿的心态去过我的人生（正向心态的形容词）。

　　4.日常实践：在学习了心态练习之后的三天中，记录下你用正向心态处理的事情，以及达成的结果和感受。

CHAPTER 02

你真的爱他吗?
还是只爱他提供的价值?

如果出发点错了，无论怎么努力，
都不会到达幸福的终点

导 语

_ 知道自己是谁，才能够找到真正属于你的爱。

_ 真正的爱是愉悦的，不计得失的，并且能够感觉到自己的
内在力量。

_ 通过索取的方式获得爱，会让我们的爱或者感受到的爱更
加匮乏。

_ 如果出发点错了，那么无论你多么努力都不会遇到真爱。

_ 爱出者爱返。

01

薛美杉在办公室养了一盆凤尾葵。

这天，她端着小白瓷咖啡杯坐在沙发上，偶然抬头，便看见那盆凤尾葵沐浴在阳光里，叶片光洁晶亮。她站起身，推开窗子，阳光和往日不同了，和煦而温暖，但风还是微凉的，有从泥土里返上来的那种寒气。这种薄暖和微凉掺杂着的气息，让她觉得神清气爽。

"你好像很开心的样子。"背后忽然传来柔软的声音。

薛美杉被吓了一跳，她赶紧回头，就见白发苍苍的老者正坐在她的办公桌前。

薛美杉眯起眼睛，有些不太相信眼前的景象，"你？"

"我怎么来了？"老者笑了笑。

薛美杉禁不住又甩了甩头，"你到底是月老，还是S？"

她记得前几日，有一个叫S的人，在她的纸上写下了一段话。这几天，这些话就像被刻进了她脑子一样，不断地在她的脑海里翻腾，她对其中一句话印象极深：一切的发生都和我有关，而不是取决于别人。

"我是谁不重要。"老者笑了笑，"重要的是你是谁？"

薛美杉把咖啡杯放到窗台上，指了指自己，"我是谁？"

"是的，你是谁。"

老者看着薛美杉呆痴的样子，禁不住又笑了笑，像一

知道你是谁，既看到
自己内在的小孩，并
不断疗愈童年的创
伤，纠正由此产生的
限制性信念。

个慈祥的长辈，"知道你是谁，你才可以找到真正属于你的
爱啊。"

薛美杉有些似懂非懂，正要开口说什么。

老者却好似洞穿了她的心思，"不过先不急，我们今
天先不讨论这个话题。"

"那讨论什么呢？"

老者摇了摇头，"什么也不讨论。"

"嗯？"

老者拉着薛美杉坐到沙发上，"你看起来很开心，可
以分享一下，是因为什么吗？"

是的，薛美杉这几日很开心，是"拨开云雾见月明"
的那种开心。

薛美杉目光灼灼地看着老者，"见过程晓楠之后，我
开始以负责任的心态去看待NAP.L的这个项目。你知道
吗？就好像眼睛忽然之间就亮了，我发现了自己的很多问
题，然后我们对方案进行了及时的修正，结果，方案通过
了，我们拿到了NAP.L的合同！"

老者点了点头，"恭喜！"

"还有，我刚刚接到了程晓楠的电话。"

"哦，她怎么样了？"老者笑着问道。

"她说她接受了一个男生的追求，她准备往前走了，
是用心的那种，哇，她的声音听起来都不一样了。"

"所以，你很开心，是为她开心吗？"

薛美杉点了点头，其实不止开心，还有一种满足感，
她觉得，她现在好似浑身充满了力量。

"那可真不错，希望你能记住这种体验。"

"什么体验？"薛美杉好似有些兴奋过了头。

老者温和一笑，"贡献自己，会让人有愉悦感！"

薛美杉本想再问什么，却听到敲门声，"进。"

是秦晓天。

"薛总，这是我们选的外景地，你看看。"秦晓天把一沓资料递过来。

薛美杉抬眼看了看秦晓天，忽然觉得今天的秦晓天有些奇怪，更确切地说，是最近的秦晓天都很奇怪。

秦晓天的五官很好看，是月朗星稀那种，之前，他留着小胡子，扎着一个小马尾，很有雅痞的风范。可前几日却不知怎的，他忽然把长发剪了，还穿上了西装。

人家都是蓄发明志，他这怎么反过来了？

"薛总。"秦晓天又唤了一声薛美杉。

薛美杉回过神来，朝秦晓天笑了笑，看看，他连对她的称呼也改了，"我还是喜欢你们叫我杉姐。"

FAVOUR里里外外，加起来不过二十人，她不太习惯别人一口一个薛总地叫她，所以一直以来，比她小的叫她杉姐，比她大的基本都叫她Sandy（桑迪）。

"你不怕这样把你叫老了啊？"

"我本来就比你老啊。"

说完，薛美杉便把心思都放在了资料上。虽然没有抬头，但是她依旧能感觉到秦晓天在看她。

这样的秦晓天，让她忽然之间有点不自在。

02

薛美杉和秦晓天从上海出差回来，连公司都没回，便直接去了NAP.L。

"陈总，这是我们这次拍的样片，您看看有没有什么意见？电子版的我已经发到您邮箱里了。"薛美杉把一个档案袋递给陈艳玲。

陈艳玲接过档案袋，却没有打开，"黎总在开会，马上出来，要不您还是直接让黎总定吧。"

见薛美杉对此有些不解，陈艳玲补充道，"黎总对这件事很重视，所以大的方向还是需要他定夺的。"

薛美杉在黎南行的办公室等了半天，黎南行才回来。

"黎总。"薛美杉赶紧站起来朝黎南行点了点头。

黎南行没说话，而是径直往自己的办公桌走，他整个人特别像一台移动的冰箱。

薛美杉坐在沙发上越发不自在，她不知道，为什么一见到黎南行，她就会无来由地紧张。之前，比黎南行厉害的主儿，她也见过不少，但是从来就没有害怕过。而且，在工作场合，她向来是张牙舞爪的，怎么一到了黎南行面前，就哑火了呢？

难道是觉得亏欠了他？想想也不对，他们可是凭着真本事拿下NAP.L的。而且，站在NAP.L的角度，FAVOUR应该是所有竞标公司里，性价比最高的一个，所以NAP.L并没有吃亏。

这样想着，薛美杉的心便稍微踏实了一些。

黎南行坐到自己的大班椅上，开始看照片，依旧是沉默不语。

照片的背景是一栋上海石库门的老房子，窗子是白色的，门被涂成了蓝绿色，很斑驳，满是岁月的痕迹。

楼下的小花园里，种着一簇簇娇艳欲滴的红蔷薇，蔷薇爬得很高，爬到了二楼的阳台上。

阳台被古铜色的雕花栏杆围着，里面的女主正是薛美杉。她扶着栏杆，长发撩起，男人站在她的身后，揽着她的腰。

不得不说，景色很美，但景色里的人更美。

黎南行抬头看了一眼薛美杉，薛美杉立马礼节性地回笑一下。

黎南行又低头，心有微寒，照片里的她，笑得明媚如春光，可是刚刚那一笑，却假得像是塑料花。

自从在那个泛泛的酒会上看见她，他就开始留意她。他见识过她的悲伤，也见识过她的坚强，但更多的时候，她都是冷冷清清的，偶尔也会笑，却总感觉是在强颜欢笑。

原来，她也会这般笑？纯净得像个婴儿！

十几张照片，黎南行反反复复看了很多遍，看得薛美杉心里有些发毛，她担心黎南行会鸡蛋里挑骨头，这样，他们便又要返工了。

薛美杉准备先声夺人，"黎总，您还有什么意见吗？如果没有的话，我们下周会过去进行实物拍摄。"

黎南行把照片放回档案袋，冷冷回了一句，"好。"

薛美杉见好就收，赶紧站起来，"那就不打扰黎总了。"说完，便慌不择路般逃出了黎南行的办公室。

黎南行望着关上的门，怅然起来，不知道为什么，他总觉得薛美杉对着他，总是浑身充满着戒备，像个小刺猬。

而薛美杉对黎南行的印象也差不多，只不过，在她的心里，她倒是觉得黎南行像北极熊，既凶猛又冷冽！

03

晚上，薛美杉又被彭簌簌拉着去喝酒。

原本，她是不想去的，她想早点回家睡觉。这一段时日，她除了加班就是出差，整个人疲乏得很。可是从黎南行的办公室出来后，她的心情蒙上了一层灰尘。

她越发觉得黎南行就像是那种特别调皮捣蛋的坏孩子，她不想招惹他，但他却总是有很多的办法来搅动她的心湖。

她乱，但是不知为何而乱，所以很烦，想借酒浇愁。结果最后却是借酒浇愁愁更愁！

彭簌簌向来是个好事者，她一边摇晃着酒杯，一边对着薛美杉道："喂，你不知道吧？蓝庭轩要结婚了。"

薛美杉拧了拧眉，"他结不结婚，和我有什么关系啊？"

"当然有关系，他没跟之前的那个姑娘结婚，而是娶了别人。"彭簌簌滑开手机，打开微博，然后递给薛美杉看，"喏，这个人天天在微博上秀恩爱，据说要旅行结婚。"

薛美杉低头瞄了一眼，微博上有一行很短的字，"七月，我和我的白马王子"。配图是一片天高云阔的草原，蓝庭轩站在草原上，怀里抱着一个女孩，女孩不漂亮，但很小鸟依人。

薛美杉终于后知后觉，原来，蓝庭轩喜欢的一直都是这种小鸟依人、小家碧玉般的女孩。呵呵，她做不了小鸟，大部分的情况下，她只会做一只咄咄逼人、桀骜不驯的老鹰。

彭簌簌向来看不上蓝庭轩，她把女孩的微博从头拉到底儿，然后撇了撇嘴，"蓝庭轩别的本事没有，但是穷浪漫的本事倒是无人能及。"

薛美杉心想，确实，蓝庭轩爱一个人，就会真心对一个好，好到极致。他也对她好过，但是以后却再也不会了。

04

上海，悦来酒店。

明亮的旋转门上，映着一对郎才女貌的璧人。女人娇小，踩着金色的高跟鞋，穿着灰粉色的短打小风衣；男的高大清瘦，戴着太阳镜，西服套装是浅灰色的。

秦晓天看着映在玻璃上的两个人，有瞬间的呆愣，脚步便迟了几分。

而薛美杉一抬头，便从玻璃门上看到了秦晓天，她觉得，他最近看她的眼神，真是越发怪异了。

薛美杉心下一阵慌乱，便禁不住快走几步，推开了旋转门。结果她刚走进旋转门，对面就有一个人冲过来，对方推门的力道极大，所以，措不及防间，她便被甩进了酒店大堂里。

她一摇三晃还没站稳，就被又一个高大的男人撞倒了，男人是跑着过来的，速度极快，所以最终，薛美杉是结结实实地摔到了地上，而且是左脸贴地，等她再爬起来，脸上便挂着一片的血丝了。

男人连看都没看薛美杉一眼，就又急着往外走。

这时，秦晓天正从旋转门过来，他来不及去扶薛美杉，一把抓住了那个穿着黑色燕尾服的男人，"道歉！"

男人满脸是汗，回头看了一眼薛美杉，"对不起！"

秦晓天的手刚放开，男子却又被另外一只手狠狠抓住了。

薛美杉坐在地上，忽然觉得眼前的场景有些魔幻，刚才冲出去的女人穿着婚纱，现在抓着男子的这个女人也穿着婚纱。

不但如此，女人的手里还拿着一把刀，她把刀放在自己的脖子上，"你要是敢出这道门，我就死给你看，一尸两命。"

男子很无奈，"小美，你冷静点好不好，我们已经分手了。"

女人惨笑着，"我们分手了吗？那我肚子里的孩子是谁的？你敢说不是你的吗？"

男子又死命往外抽胳膊，"你先放开我，我们的事，稍后再说好吗？"

"稍后再说，什么时候？等你们办完婚礼吗？"女人忽然开始歇斯底里起来，"李元，你还有没有良心，我们在一起多久，三年！她呢，你们认识还不到三个月！"

男子又朝酒店外面看了一眼，然后便猛地甩开女人的手，向外冲去。

薛美杉在酒店一直睡到了下午，直到有人来敲门。她一步一挪，扶着墙去开门，是罗小美，上午那个"手握尖刀"的新娘。

罗小美把薛美杉从上到下扫了一遍，"没事了吧？"

薛美杉轻轻浅浅地笑了笑，"没事了。"

其实不是，她这么说，只不过是不想让罗小美担心罢了。她现在浑身上下，简直是伤痕累累。脸上被擦掉了一层皮，脚也扭伤了，现在肿得像一个红鸡蛋，而胳膊上，也绑着纱布。

上午，当李元甩开罗小美的刹那，出于本能反应，她想也没想就冲了过去，她想拉住罗小美。她与罗小美虽然素昧平生，但是她担心她肚子里的孩子。但最终，她还是没有拉住罗小美，她被秦晓天扶着，冲出去的速度有些慢了。

罗小美最后还是摔在了地上，但是罗小美没事，她没有怀孕，她说她怀孕是骗李元的。但罗小美手里的那把刀，却在薛美杉的胳膊上划开了一道口子，鲜血直流，染红了她的衣衫。

罗小美和李元谈了三年的恋爱，却在三个月前分手了。

分手是李元的说法，罗小美却没以为他们是真的分手了，她觉得这只是他们无数次冷战中的一次而已。罗小美一直认为两个人最终会和好，没想到这次李元是铁了心跟她分手。直到一个星期前，李元告诉她，他在跟她分手后已经交了新的女朋友，相处很和谐，打算要结婚了，罗小美彻底崩溃了。

罗小美哭也哭了，求也求了，但是李元心意已决，罗小美知道，这一次，她和李元是彻底结束了。

但是，她不甘心。她很难过，也不想让李元如意。

索取者的付出未得到
预期回报后，最典型
的特征便是不甘心。

薛美杉虽然不赞成罗小美如此鱼死网破的做法，但是
她理解她的不甘心。因为这种不甘心，她也有过，从她知
道蓝庭轩要结婚的那天起，这种不甘心，就已经开始在她
的身体里滋长。

她的心再一次被攻陷，疼痛不堪。

05

"我的手里已经没有刀了，为什么还这么痛呢？"薛
美杉泪眼凄凄地看着老者。

老者没有回答，只是直看着薛美杉，目光如炬。

薛美杉的眼泪终于滴落下来，"所以，你也是骗我的，
对吗？"

"你觉得是我骗了你吗？说不定是你自己骗自己呢。"

薛美杉指着自己的鼻子，满脸困惑，"我？"

老者温和一笑，语调却很肯定，"对，是你自己。"

薛美杉眉头紧锁，她觉得自己好像有些跟不上老者的
节奏了。

"你想看到真相吗？"老者拉住薛美杉的手，掌心里
依旧温热如初。

薛美杉点了点头。

"先闭上眼睛。"

薛美杉依言而行，慢慢闭上了眼睛。

这时，有乐曲声响起，仿佛是婚礼进行曲。老者声音轻柔，为薛美杉营造出了一个婚礼的场景。

"如果人生只有一次结婚的机会，你会选择蓝庭轩吗？如果你的答案很肯定，那么就睁开眼，如果不是，那么就继续往前走，回到你们相遇的原点。回想一下，到底是什么吸引了你，让你愿意和他开始一段旅程。是你主动选择的，还是被动选择的？从什么时候开始，你已经爱上他了？或者你从来就没有爱过他？你到底爱他什么？你为什么选择和他在一起？请慢慢回顾这一段旅程，记得，找到那个最初的原点。"老者的声音好似有一种魔力，瞬间就把薛美杉拉入到对往事的回忆中去。

薛美杉闭着眼，脸上闪现出各种表情，有喜悦，也有悲伤，当然也有痛苦。

"当你确定了最初的原点，也就是你为什么选择和他在一起的时候，请睁开眼睛。"老者缓缓地说道。

薛美杉在她和蓝庭轩的故事里徜徉着，就像是看一场别人的电影。在这场电影里，她忽然发现了一些被隐藏的秘密。原来，蓝庭轩曾经那么热烈地爱过她，他对她有过无微不至的照顾，也有过处处贴心的浪漫，可是她呢？从始至终，她都是坦然地接受，但是却从未平等地回报过，在这段感情中，她好似是一个索取者，理所当然地享受着他的付出。

薛美杉睁开眼，对着老者道，"我选择和他在一起，是因为他对我好。"

说完，薛美杉又补充了一句，"可是，我也很爱他啊。"

索取者的诉求之一：童年时从父母身上没有获得的爱。

老者笑了笑，没答。然后手一挥，半空中便出现了一幅全息影像，是罗小美和李元，李元的怀里抱着一个类似叮当猫的玩偶。

老者指着玩偶道，"这个玩偶，有着很多的超能力，比如可以变出车、变出房子、还能变出钱，现在，这个玩偶在李元的怀里，但是也可以在张元的怀里，王元的怀里。你觉得罗小美是会选择李元，还是选择这个玩偶？"

薛美杉想也没想就指了指玩偶，因为，这是罗小美的真实选择。

索取者的诉求之二：通过物质折射出来的安全感。

罗小美毕业于名校，人也长得漂亮，所以在择偶上眼界非常高，最开始，对于不是商务精英的人选，她是不考虑的。但是她不知道，商务精英男其实眼界更高。在三十岁之前，她倒是谈了不少的恋爱，但最终的结果都是彼此挑剔，两相生厌。等过了三十岁，罗小美才忽然意识到，她不能再挑了，不然就真的"贬值"了。然后，她便遇到了李元。

李元是上海本地人，长相不错，家庭条件优渥，对罗小美也很好，两个人交往了不到半年，李元就求过一次婚，但是罗小美没点头，李元虽好，但她还是有些不甘心。罗小美觉得李元能力平庸，又没什么思想，上升空间有限，所以还想再等等，也许自己还有机会呢。

就这样，等来等去，等到李元变了心，最后两个人以闹剧收场。

索取者的典型特征：权衡得失，以自己的利益最大化为宗旨。

"那你呢？"老者又问道。

薛美杉赶紧从罗小美的故事里跳转回来，"我？"

"是的，你呢？你会选择什么？"

薛美杉终于恍然大悟，原来她选的是蓝庭轩对她的好，对她的爱，这是蓝庭轩手里抱着的那个万能玩偶。

"你难过，是因为蓝庭轩把那个玩偶给了别人。"老者站起来，拍了拍薛美杉的肩膀，然后不知道从哪里拿出来一只白色的毛绒小熊，"送给你。"

薛美杉接过来抱在怀里，她很喜欢这只小熊，而且有一种似曾相识的感觉。

> 以索取者心态的付出未获得相应回报，便会转化成受害者。

老者又坐回到沙发上，半空中再次变换出一幅全息影像，是一列火车。

"无论多么努力，如果出发点错了，那么我们是永远也不可能到达终点的。"

薛美杉点了点头。

> 以索取者心态开启一段亲密关系，会让人陷入爱的匮乏的怪圈。

"所以在寻爱之前，我们需要先厘清，什么是真正的爱，因为有些爱，其实只是一种变相的索取。"

"那到底什么是真正的爱呢？"

老者笑了笑，然后指了指影像里的火车，"上车吧，让我们一起去发现爱。"

06

薛美杉回京的这一天是阴天，有雾霾，高铁的速度极快，像一条巨龙在云雾里穿梭。

薛美杉望着窗外，禁不住又想起蓝庭轩。

整个大学，她过得辛苦而孤独。她很少参加社团活动，也没有什么业余生活，大部分的时间都用来学习和打工，对于知识和金钱，她表现出了从未有过的饥渴。其实，她们家的条件并不差，但是她从小独立惯了，希望一切都依靠自己。

大三的时候，她认识了蓝庭轩，蓝庭轩是学校里的才子，不但有才，还很帅气，最重要的是体贴浪漫。她本来对感情是没有什么热望的，但最终，她还是被蓝庭轩的炽热追求"攻陷"了，她陷在了他的体贴和浪漫的臂弯里。

他爱过她，可是她却没有对等地回应过他。所以，她不想再恨他，似乎自己还欠着他点什么，她想把他们之间的爱恨情仇就此一笔勾销，把清单扔进路边的树丛，然后轻装上路。

她想，她终会遇到属于自己的爱情。可是，对于爱，她依旧觉得迷茫，她不知道，真正的爱，到底是什么样子。

薛美杉没有想到，秦晓天会来接她。前几日，静态广告刚拍完，秦晓天就先回北京了，她一个人留在上海，养伤，然后陪罗小美。

她是和秦晓天说过今天下午会回来，却未告诉他是哪一个班次，她猜，他应该是在高铁站等了一个下午。这样的秦晓天，让她有些许的感动，但在她心里，更多的则是不自在。

秦晓天开车送薛美杉回家，一路上，两个人都没怎么说话。

秦晓天这些时日，形象上有着翻天覆地的变化，改头换面、洗心革面这些词用在他的改变上一点儿也不为过。相比之前，他话也少了很多，整日都是冷冷清清的样子，似乎有向黎南行靠近的迹象。

而薛美杉，则是心里慌乱，一时之间不知道说什么好。

索取者基本是在把童年的索爱行为重演，当一个孩童在童年时期感受到不被爱的时候，就会产生孤独感，所以让她从对方身上感受到这种无条件的爱上，立马就会被吸引了。吸引的本质是人类最基本的诉求，即"爱与被爱"。

前几日在上海，因为受伤，又因着脑子里蓝庭轩的影子挥之不去，她的情绪一直不佳，就觉得整个人都异常脆弱。人在脆弱的时候特别需要关怀，秦晓天平日里对她就极其照顾，那几日更是关怀备至。所以，她的心，好似又微微颤动了一下。可是那点滴的心动，到底是因为爱，还是感动，或是因为其他呢？

薛美杉望着窗外，有些无奈地笑笑，就觉得她虽然懂了很多道理，但是一到实践，就又是懵懵懂懂不知所措了。

薛美杉正一个人百般纠结着，手机忽然响了一下，是黎南行的信息，"身体好些了吗？"

薛美杉的心，不知怎的，忽地就揪了一下。她受伤的事，只有秦晓天知道，连姜米琪都不知道。黎南行是怎么知道的？

薛美杉犹犹豫豫地在手机上打了几个字，"没事了。"但还没等发送，黎南行的下一条信息就又跟进来了，"如果方便的话，明天来一趟 NAP.L。"

原来是有工作安排！

薛美杉把之前的三个字快速删掉，又回了一个"好"。

可是再收好手机，她就觉得一颗跳跃的心，忽然间便寂落下去，像是一颗温热的豆子掉进冰冷的湖水里。

如果缺乏自我醒觉，这种索取行为会一直循环往复。

扩展阅读

一、索取者行为底因

1.我感受到我的父母不够爱我。

2.为了让父母更加爱我，或者永远爱我，我不断创造特殊价值，让父母发现，并认可我。

3.我的需求未得到满足，我的价值未被认可，我是不被爱的，我的爱是匮乏的。

4.我的身体在成长，但是通过创造特殊价值获取爱和认可的模式并没有改变，但对此我并不自知。

5.我做的一切都是为了获得爱和认可，满足我从小未被满足的需求，但是我并不打算做等同的回报。

二、隐藏在付出背后的真正索求

1.无条件的爱。

2.亲密关系中的安全感。

3.尊重和认可。

4.其他童年未被满足的诉求。

三、在一段关系中，如何检验是真爱还是索取爱（见图2）

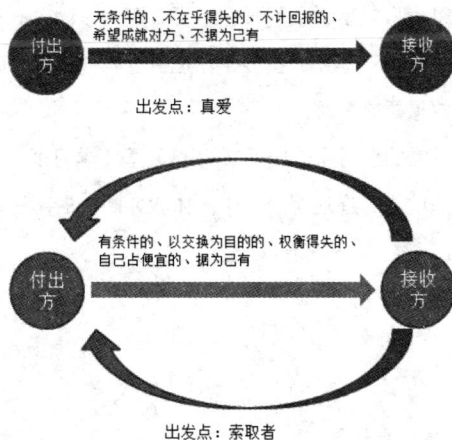

图2

1.如果出发点是真爱，那么付出者的感受是愉悦的、满足的、有充盈的爱的、有力量的、开放的。

2.如果出发点是索取者，那么付出方的感受是算计的，一旦得不到同等的回报或者更多的反馈，那么立即就会变成愤怒的受害者。

（备注：有些人在亲密关系中，在付出的时候也会表现出真爱的样子，然而一旦它的索求未被满足，就立即会变得歇斯底里、愤怒，成为一个受害者。）

四、练习

1.记录下在你的记忆中曾经发生的情感事件，选择其中一件，写下你选择和他在一起的原因。

2.接着回答，如果他失去了以上的一切，你是否还会和他在一起？

3.写下你是通过什么方式索取他的爱的（同情、保护……）。

4.面对即将开始的新的亲密关系，自问你的出发点是真爱还是索取？请详细列举你想要索取的东西，并说明为什么这些东西对你如此重要，你是否可以通过其他方式获得这些你想要的东西。

5.日常的练习：在接下来的30天里，学习毫无回报地爱你身边的人，在这个过程中，体验你内心的感受和能量的流动。

CHAPTER 03

处理父亲与"我"的关系：
如何与异性相处

你天生"父爱充足"，无须再去寻找！

导 语

_父亲是我们观察异性的第一个标本，所以父亲的形象决定
了我们对异性的基本认知。

_良好的父女关系会让女性更容易成为一个自信、平和、有
女性性别意识、觉得自己值得被爱的女人，反之则会成为
女儿亲密关系的障碍。

_自我疗愈的过程就是发现自己天生俱足的过程，要相信：
我天生父爱俱足，无须再去寻找。

01

黎南行坐在西餐厅里，愈发坐立不安。如果知道中午会下雨，他是说什么都不会让她来 NAP.L 的。她的脚伤未好，不知道下车的时候会不会滑倒，他想起身去门口等她，又觉得太过冒失了，不妥。

正这样百般纠结，有敲门声响起，他急忙去开门，果然是她。她黑眼漆漆地看了他一眼，然后又是礼貌性地一笑，"黎总。"

他也俯了一下身，便看到了她头发上细密的雨水，这是今年的第一场春雨，很凉。他想抬手帮她擦擦，最后还是硬生生忍住了。但他最后还是伸出了手，扶着她走到餐桌旁，又拉开椅子，让她坐下。

在公共场合，薛美杉是受过诸多的绅士待遇的，但是，黎南行的，她却受不起，不知怎的，她的脸竟有些不自控地红起来。

薛美杉的冷脸，黎南行见过不少，但红脸却没见过，禁不住心里微微颤动了一下。他趁着她低头，又快速在她的脸上扫了一下，淤青消得差不多了，但细密的划痕仍有几道，不知道将来会不会落下疤痕？

"没事吧？"黎南行憋了半天才冒出这样一句话来。

"没事。"薛美杉赶紧摇了摇头，她一直活得都像是一株杂草，最不习惯的就是被人关心、受人照顾。

黎南行见她如此，也只能把酝酿了半晌的关心话，又吞回了肚子里，他觉得气氛不对、不合时宜。

父爱的缺席会让女孩更容易成长为比较强势的女性，这很有可能会成为与异性发展亲密关系的障碍。

薛美杉一坐下，便把西装外套脱了去，胳膊上缠着纱布，被外套袖子裹着，着实有些不舒服。

黎南行往她细白的胳膊上扫了一眼，便越发自责起来，早知如此，那个破广告在北京拍就好了，何苦舍近求远跑去上海，这好好的一个人去了，回来却弄出一身的伤。

黎南行看着看着，便觉得自己的胳膊也疼起来，他恨不得受伤的是自己。

薛美杉原本面对黎南行就觉得不自在，现在被他这样看着更觉窘迫不堪。她赶紧呷了一口柠檬水，然后开口道，"黎总，是对静态广告的拍摄不满意吗？照片还没有精修，调完应该还是不错的。"

静态广告拍完的第二天，她就把样片发给了黎南行。她刚回北京，他就这么急急地叫自己过来，难道是觉得不满意，要返工？

黎南行缓了半晌才问，"不是。"

他有些不喜欢她上来就谈工作，但转念又觉得自己可笑，两个人不谈工作，还能谈什么呢？他不也连想见她一次，都要打着谈工作的名义吗？

"拍得不错。"黎南行又抬头看了薛美杉一眼，然后把她面前的盘子端过来，他刚才等她等得不知所措，便提前把餐点了，现在牛排的热度刚刚好，"如果你们有兴趣，可以把电视广告也一起做了。"

薛美杉没接话，她怕自己听错了。

过了半晌，黎南行把牛排切好，又把盘子递过去，"怎么？做不了？"

不知是激动还是紧张，薛美杉的脸竟又红起来，"相对来说，我们的公关经验更丰富一些，但如果黎总信任的

缺乏良性互动的父女关系，会让女儿在成人后，在与异性的相处中产生无所适从的紧张感。

话，我想没问题，我们一定会全力以赴的。"

薛美杉的眸子好似装了开关，大部分的时间都是关闭的，此刻却像开了灯，里面闪烁着荧荧的光。

黎南行微不可闻地笑了笑，"那就要麻烦你们再出细化一些的方案了。"

"没问题。"薛美杉端起桌子上的柠檬水，朝黎南行举了举杯，声音是从未有过的清脆和响亮。

黎南行的心里又是一悸，她笑起来很好看，声音也甜，他想，她要是一直这样就好了。可是，在她身上，这份美好往往是昙花一现。

大部分的时间，她对这个世界都充满戒备，她好似尤其戒备他。可是不知道为什么，她越是戒备他，他就越是想对她一探究竟，他觉得她是他从未见过的生长在深海里的一种奇妙生物。

> 父爱匮乏的女性，在与异性相处过程中，会有界限感模糊的问题，或者远离，或者缺乏防范。

两个人沉默着吃了一顿饭，吃完饭，窗外的雨还在下。

黎南行起身要送薛美杉回去，薛美杉没拒绝。她想，黎南行是 FAVOUR 的财神爷，财神爷的面子她是要给的。所以，下雨天，他要她来，她便来；他要送，她便由着他送。

两个人一前一后往外走，刚走了几步，就见秦晓天正拿着伞站在餐厅门口。

薛美杉如获大赦般松了一口气，她扭头朝黎南行笑了笑，"黎总，我和晓天一起回去就好了，正好有个会要开。"

黎南行顿住脚步，"好！"

黎南行站在餐厅门口，等秦晓天和薛美杉在一把伞下

走远了，他才抬步往公司的方向走，服务生递出的伞他也
没接。

走了几步，他才想起了一件事，她胳膊上的伤还未
好，他是不应该请她吃牛排的。

这样想着，他的心里又开始不舒服起来，连着胃里也
好似堵了一口气般。

02

又过了几日，薛美杉带着第一版电视广告方案去
NAP.L。

她和黎南行约的会面时间是2点，但是到了2点，黎
南行却没有回办公室，他的秘书陈谦告知她，黎总临时有
个会。

薛美杉独自在黎南行的办公室等到了4点，他终于回
来了，但是关于方案的事，他只字未提，只是优哉游哉地
坐在大班椅上喝咖啡。

薛美杉只能继续等，也不敢催，但黎南行喝完咖啡，
却又走了，再回来，已经是晚上7点了。她刚想把方案递
过去，陈谦却又推门进来了。

难道还有会？这次不是会，是工作餐，陈谦是提着两
份工作餐进来的。

薛美杉伴着一肚子的气，三下五除二就把工作餐吃完
了，再一抬头，黎南行在那边却吃得慢条斯理，就像在表
演吃饭一般。

薛美杉一边看着黎南行吃饭，一边狠狠咬着自己的后

槽牙。好不容易等到黎南行吃完饭，她赶紧把方案递过去，但是黎南行却只是看了三五眼就放下了，然后冲着薛美杉摇了摇头。

薛美杉是想笑的，却怎么都笑不出来。她特别迷惑不解地看着黎南行，他表演喝咖啡的时间有十二分钟，而刚刚，他看方案的时间，不超过两分钟。他不能一边喝咖啡一边看方案吗？他不能提前告诉她，他下午会掉进会山会海里吗？还是，他觉得，她的时间就不是时间了？

"那个，黎总，方案有什么问题吗？"薛美杉像看着邪恶外星人一样看着黎南行。

黎南行也像看着奇妙外星人一样看着薛美杉。他猜，她的面色越平静，估计她心里骂他的字眼就越狠。他忽然觉得，刚才的那盒工作餐，好像味道还挺不错。

两个人对视了一会儿，薛美杉终于败下阵来，"那黎总，能不能给个方向？"

黎南行起身，慢悠悠地穿上外套，"没感觉。"

没感觉，怎么改？薛美杉刚刚还只是在咬自己的后槽牙，现在却忽然门齿霍动，想咬断黎南行的喉咙！

薛美杉顾不得礼节了，她拎起包便气冲冲往电梯口走，黎南行走得慢，但是步子大，像个"白无常"般紧跟在她身后。

进了电梯，黎南行忽然递过来一个袋子，"NAP.L准备上的一条新产品线，去疤痕的，你帮着试用一下，看看效果如何？"

薛美杉虽然心里气得要爆炸，但一转身，就又摆出一副恭谦脸，赶忙接过小袋子，"好。"

这几个月，薛美杉时常往 NAP.L 跑，她从未觉得这栋大厦的电梯有问题，可现在却忽然觉得电梯有点小，氧气不够，她又开始胸闷气短。

薛美杉窘迫得要命，便只能低头拆盒子，拆完盒子又看说明书，结果说明书都看完了，还没到一楼，嗯，NAP.L 所在的楼层怎么这么高？

薛美杉觉得再不说话会死人了，便抬头问黎南行，"那用不用写试用报告？"

黎南行竟噗嗤一下笑出了声，"随意。"

薛美杉没见黎南行笑过，就觉得他这扯唇一笑像是原子弹爆炸，然后眼前便是一道又一道的辐射白光。

"那个，随意是什么意思？"薛美杉刚问完，就立马想去撞墙了，她觉得只有白痴才会问这样白痴的问题。她觉得现在的自己，简直就是一个活脱脱的白痴，而且还是脑子灌满水的那种。

薛美杉不敢再说话，便只能盯着自己的脚看，看来看去，又开始后悔今天没穿高跟鞋。之前，她知道黎南行很高，但是不知道黎南行会高出她那么多。她站在他对面，只到他胸口的位置，她好像能听到黎南行的心跳声，强壮而有力，可是一会儿，她又觉得，那心跳声好像是自己的。

电梯门一打开，薛美杉就急急地冲了出去，她怕她逃得慢了，她那不安的心跳声便会被黎南行听了去。跑了几步，薛美杉才顿住脚步，然后回头朝黎南行摆了摆手，"黎总，再见。"

黎南行站在电梯口，又按起下行键，他的车在地下二层。不知为什么，她跑出去后，他不由自主便也跟了出来，低头想一想，自己估计是傻了。

进了电梯，黎南行终于又抬起唇角轻笑起来。他觉得她刚才跑开的样子特别可爱，像一只惊慌失措的小鹿，但奇怪的是，她明明是往外跑去了，他却觉得像是有一只小鹿撞开了他的心扉。

03

"清明时节雨纷纷，路上行人欲断魂。借问酒家何处有？牧童遥指杏花村。"

清明节这一天，薛美杉去了距京一百多公里的一处山里。山里有小雨，有漫山遍野的梨花胜雪，傍晚时分，一缕缕炊烟往山川上挂，一丝丝细雨往梨花上落，美得像一幅画。

薛美杉住的是一处三层仿古小客栈，小客栈在半山腰上，此刻，她正凭窗远眺。

"怎么躲到这里来了？"

薛美杉没有回老者的话，她知道他会来。

前几日，她被黎南行气得半死，便又想找人喝酒，结果酒还没有喝半杯，她和彭簌簌就闹得不欢而散。彭簌簌讽刺她遭遇的都不是好男人，而她想也没想就回道，"还不是因为像你这样的坏女人太多。"

薛美杉转过身来，黑眼凄凄地看着老者，"我觉得我们十年的友情可能要结束了。"因为真话最伤人，而她们都说了真话。

老者朝薛美杉笑了笑，"所以，你很难过？"

薛美杉低垂着眉眼，"是的，我很难过。"其实除了难过还有担心，她担心她还会遇到坏男人，她想遇到一个好男人，她想遇到一个会发光的男人，一个金属质的男人，一个可以和她比翼双飞的男人！

"不可否认，我遇到的都是坏男人，而彭籁籁却是见一个爱一个，可是任嘉莹又与我们两个都不同，她总是能遇到好男人，太奇怪了！"薛美杉拧眉不解，"我不明白，为什么，我们的感情生活，总是在以差不多的模式循环着？"

看着薛美杉满脸疑惑的样子，老者禁不住笑起来，"这可真是一个非常不错的发现。"

薛美杉却笑不出来，"为什么我就不能遇到好男人呢？"

老者一转身，身后却多出了一块白板，她把"收割机"三个字写了上去。

"你更喜欢吃米饭还是面食呢？"

"嗯？"薛美杉一时之间有些跟不上老者的节奏了，但随即又答道，"我喜欢吃米饭多一些。"

老者点了点头，"所以，从结果来看，你好像很喜欢坏男人啊。"老者说完，又特意在坏男人上打了一个引号。

"为什么？"薛美杉一听，差点就要跳起来了。

> 父亲与我们的相处模式决定了我们和异性的相处模式。

"这一节课，我们来讲讲，父亲对我们亲密关系的影响。"老者在白板上写下父亲两个大字，写完，又画上两个"火柴人"，一个很小，一个很大。

"父亲是在我们生命里出现的第一个异性，也是对我们来说最重要的异性。特别是在孩童时期，父亲和我们的相处模式，便决定了日后我们和其他异性的相处模式。"

薛美杉听完，眉头锁得更深了，"可是，我爸并不是坏男人啊？"

老者一听，大笑起来，"先不要着急，我们先来做一个游戏如何？"

薛美杉迫切地问道，"什么游戏？"

老者让薛美杉在地板上坐下，然后递给她一支笔和一张白纸，"先闭上眼睛。"

薛美杉依言而行。

"下面，把你生命里出现过的，对你来说很重要的男人都召唤出来，然后把他们的名字写在白纸上。"

薛美杉冥想了几分钟，便开始在纸上写起来。

老者看了看，"这么少？"

薛美杉有些不好意思地笑笑，"从小忙着学习，毕业后忙着工作，所以……"

老者摇了摇头，"可是这并不是真相。"

"那真相是？"薛美杉满目期待地看着老者。

老者笑了笑，"真相是你不知道怎么和男人打交道，和异性相处会紧张，有距离感，你害怕男人，所以男人也怕你。"

父亲是我们感受产生性别意识的参照物，是我安全感获取的源泉，是我们观察异性的标本，是我们与异性相处的导师。

薛美杉点头如捣蒜，"这是为什么呢？"

老者又笑了笑，"不急，答案很快就会呈现出来。"

老者把白纸又递回去，"最多用五个词去形容他们，然后找出他们的相似点。"

薛美杉又闭目冥想了片刻，然后便在纸上写字，一边写字，还一边笑，"这是要做合并同类项吗？"

薛美杉写完，两个人一起低头看。

老者笑了笑，"你对瘦瘦高高的男人有好感？"

确切地说，薛美杉是对和她父亲身形类似的男人有好感。这个发现，让薛美杉一时错愕得说不出话来。

老者拍了拍薛美杉的肩膀，"游戏还要继续。"

"好！"薛美杉点了点头。

"下面，再把相对来说不太重要的人删掉。"

薛美杉三下五除二删去了一些人，最后纸上只剩下了父亲、蓝庭轩和秦晓天。

薛美杉拿着笔，有些犹豫，她不知道要不要把秦晓天的名字划掉。

老者却拉住了她的手，"对你来说，秦晓天还是很特殊的，对吗？"

薛美杉有一些脸红，"在工作上，他很有才气，也很有责任心，帮了我很多。"

老者点了点头，"除此之外，他对你也很体贴和爱护，对吗？"

"是的，特别是去年，公司快垮了，我也差一点儿就垮掉了，是他陪着我走过来的。"薛美杉不想接受秦晓天的感情，但是对秦晓天却有着满满的感激之情。

"所以，秦晓天看起来很像是另一个蓝庭轩？"

对这个发现，薛美杉更加错愕，"什么？"

老者笑了笑，"我们还要继续。"

薛美杉点头。

"小时候，你和你父亲的关系如何？"

薛美杉想了一会儿就答道，"我好像没什么印象了。"

薛美杉的父亲是一名地质工作者，每年回家的次数屈指可数，她只记得父亲又高又瘦，还很黑，也不太喜欢说话，但是声音却很大，还有父亲的脾气好像不太好，每次回到家，他都会和母亲吵架。

"你很害怕你父亲？"

薛美杉点了点头。她记得，小时候，父亲每次回家，她都会躲在角落里看父亲，既想亲近，但是却又害怕。

"有很多次，你渴望父亲改变？"

薛美杉咬了咬嘴唇，眼泪有些不自控地往出流，"是的。"有无数次，她都希望父亲能变得温和一些，她希望父亲能主动走过来，抱抱她。

老者慢慢把薛美杉手里的纸抽出来，"你希望你的父亲变成一个温柔体贴的人？"

薛美杉点了点头，父亲不说话她都害怕，发脾气她就更害怕了，她想，父亲如果能变成一个温柔的人该多好。

"可以多陪陪你？"

"懂得照顾你？"

"可以随时出现在你身边，保护你？"

"是的！"薛美杉终于放声哭起来。

小时候，她虽然学习好，却总是被欺负，每当她被欺负的时候，她就渴望父亲能出来保护她，可是父亲一次都没有出现过。后来，她便学会了打架，不管打不打得过，她都要打，因为她知道，除了自己没有人可以保护她。

"还要有求必应？"老者说完，又摇了摇那张白纸，"所以，在人群中，你一眼就看到了蓝庭轩，你找到了你渴望已久的那个'父亲'。"

薛美杉抬起泪眼，"什么？"

老者把白纸递给薛美杉，"蓝庭轩的特质和你希望改造的父亲一模一样。"

薛美杉呆呆地看着老者，原来，她在蓝庭轩身上找到的，是她曾经渴望已久的父爱。

> 大人其实也只是幼稚的小孩。——罗伊·哈柏。长大后的我们一直在重复着寻爱的游戏。

04

老者站起身，又回到白板处，"还记得刚才的那个问题吗？你和异性相处会经常觉得紧张，无所适从。"

薛美杉心领神会，"是因为爸爸不在家，我没有学习到和异性相处的任何经验，是吗？"

老者赞许地点了点头，"是的。"

"好的，下面我们再来揭示另一个真相。"老者又道。

"什么真相？"薛美杉迫不及待地问道。

"请再次到你的记忆里去找寻，看看有哪些瞬间，让你在父亲的身上感受到了父爱。"

薛美杉再一次回到了童年的记忆里，"小时候，我们家的糕点和糖果要比其他小朋友家多，这些都是爸爸每次回来买的。我妈不让我和妹妹吃糖，我爸就把糖偷出来，然后藏到我书桌下面的一个小盒子里。"

说着说着，薛美杉竟然咧着嘴笑起来，仿佛真的吃到了糖一般。

"爸爸每次回来，都会送给我和妹妹一个小本子，上面画的都是他去过的地方，小的时候，我只是觉得那些画很丑，现在才知道，其实画上的好多地方都荒无人烟。"

想到这个画面，薛美杉禁不住又哭出了声，她想，或许父亲在画这些画的时候，也是异常想念家，想念她和妹妹。

等薛美杉再睁开眼睛，泪水已模糊了眼睛。

老者抱了抱薛美杉，温柔地问道，"所以真相是什么？"

"爸爸一直很爱我，只是他不太会表达而已。"

说完这句话，薛美杉忽然又想起了一件往事。好像是小学二年级，有一天晚上，她起床想去喝水，就看到父亲坐在客厅的沙发上，正戴着眼镜在看着什么，还一边看一边笑。她偷偷靠近，瞄了一眼，才知道，原来父亲手里捧着的是她的奖状。

老者递了一张纸巾过去，"是的，父爱是一种本能，只是大部分的父亲不会表达而已。"

薛美杉点了点头。父亲现在年纪大了，反而变得可爱起来，每次回家，都是父亲下厨，忙前忙后，给她做好吃的。还有，小的时候，父亲很沉默，现在，话却多起来，每次她回家，父亲都会唠叨她结婚的事儿，比母亲念叨的

> 亲密关系中的疗愈就是看到童年的创伤，并及时纠正由此产生的限制性信念，从源头改变信念，从而改变行为模式，行为模式的改变会注定结果不同。

还勤。

"你听过小猫找尾巴的故事吗?"老者又问道。

有一天，有一只小猫穿了一条新裤子，大家都夸它漂亮，一只小兔子却跳出来问，"咦，你的尾巴呢?"小猫一看，尾巴果真不见了，便开始找尾巴，找了一天也没找到。等到晚上回家，妈妈帮它洗澡，它才发现，尾巴又长出来了。

"其实小猫的尾巴一直都在!"

薛美杉听完这个故事，也禁不住笑出来，原来，她也是那只找尾巴的小猫。

05

第二天下山，薛美杉并没有回京，而是去了澍县，等她到的时候，彭青瓷已经准备好了饭菜。

彭青瓷年近六十，却像四十岁刚出头，人长得精致漂亮不说，气质也极佳，果真是如青花瓷一般的人。彭籁籁的相貌随母亲，但脾性却不像，彭籁籁的脾性是火辣辣、混不吝的，像个女土匪。

彭籁籁是一名财经记者，经常有采访企业家和政要的机会。因为母亲的故乡在林城，所以便对林城的新闻格外关注。林城有一位大名鼎鼎的市长叫谭文耀，是个实干家，为林城做了很多好事。彭籁籁一直想采访他，但是两

> 自我疗愈的过程就是发现我天生俱足的过程。

年前，谭市长却因突发心脏病过世了，对此，彭簌簌一直觉得惋惜。

然而她并不知道，这位她一直敬仰的谭市长，竟然是她的亲生父亲。

薛美杉和彭青瓷两个人一边喝酒，一边聊天。

"谭文耀来找了我们很多次，每次来，我都跑。直到前几年，他不知道从哪里搞到了一份亲子认定。"彭青瓷把大半杯清酒一口喝下去，清酒不辣，彭青瓷却被呛得咳嗽起来，眼泪也开始哗哗流，"我骗他，再等等，结果……他等到死也没能和他闺女相认。"

当年，谭文耀和彭青瓷都是林城一家国营工厂的技术骨干，两人热恋结婚，非常幸福。有一年，厂子要派一位技术尖子出国深造，两个人知道机会难得，所以都想把名额留给对方。结果彭青瓷技高一筹，她用了一计，就把谭文耀推到国外去了，也硬生生斩断了她和他的情缘。

"之前，厂长的儿子追我，我没瞧上，可那段时间，我对谭文耀很冷淡。他问我怎么了，我撒谎说自己爱上别人了，做技术太苦了，我不想一辈子搞科研，我就想过衣食无忧的生活。"一怒之下谭文耀就和彭青瓷离了婚，出国了。

谭文耀前脚刚出国，彭青瓷后脚就跑了，跑到了邻省的一个小县城。她知道谭文耀回来后，一定会飞黄腾达的，而她离婚时已经有了身孕，她不能拖累他。

彭青瓷抹了抹眼泪，又道，"那个年代，能被选上派出去的，回来后，都是要重点培养的。他回来后，如果和我在一起，我们能过的无非就是你情我爱的小日子，可是没了我，就不一样了，关系和资源都会找到他，他会得到重用，他能登上更高的平台。"

彭青瓷起身从身后一个五斗柜里拿出来一个剪报本子，上面都是谭文耀的丰功伟绩，"你看吧，我想的没错。"

薛美杉翻完本子，禁不住问道，"彭阿姨，你后悔过吗？"

彭青瓷的眼睛里仿佛是蓄满了光一般，"我为什么要后悔？"

"您为他牺牲了这么多，不觉得委屈吗？"

彭青瓷拍了拍薛美杉的肩膀，"我这一辈子就爱过他这么一个人，我有什么后悔的。"她不后悔爱上了谭文耀，也不后悔当初的决定。可是她后悔没有及时把这段往事讲给女儿听，以至于让她在感情上走了不少的弯路。不过她会补偿，她会让女儿知道她有一个了不起的父亲。

> 父爱的完全缺失会让女性通过不断与异性发生亲密关系去拼凑心目中模糊的父亲形象。

06

傍晚时分，淡金色的夕阳从百叶窗射进来。流光映在薛美杉的脸上，又从她的脸上流淌进她的眼眸，她的眼眸仿佛也带着光。

薛美杉没有经历过真正的爱情，对爱也一如既往的懵懂，但是她在彭青瓷的故事里看到了爱的形状，爱是付出，爱是无悔。岁月可以催人老，但爱却可以使人年轻，原来，爱才是女人最好的化妆品！

秦晓天站在幕布前，淡定自若地演示着NAP.L化妆品新一季的广告创意："让女人散发光芒的不是化妆品，是爱。NAP.L，让爱传下去！"

薛美杉目光灼灼地看着幕布，黎南行却看着薛美杉，几日不见，他感觉她好似变了，整个人也光芒四射起来。

演示完毕，所有人都在点头称赞，只有黎南行，依旧盯着幕布不说话。

坐在黎南行旁边的陈艳玲忍不住低低唤了一声，"黎总。"

黎南行回过神儿来，点了点头，"方案可以，但是广告的主角要我们选。"

薛美杉想也没想就答应了，"好！"或许是演示成功激动的缘故，她的脸上竟浮上了一层红晕，像一朵极美的花。

黎南行的办公室在28楼，他站在大落地窗前往下看，正好看到薛美杉和秦晓天从大厦门口出去。刚刚，她的头发还是挽着的，此刻，却披散下来，傍晚有微风，微风把她的长发撩起，她的发梢好似也镀上了金光一般。

他看不到他们的表情，但是看得出来他们在一直说话，在笑。刚刚，在会议室里，他们也是笑的，一唱一和，眸光流转，看起来不但郎才女貌，还默契无双。

他想，在她的生命里，他终究还是来晚了！

扩展阅读

一、父亲对女儿亲密关系的影响（见图3）

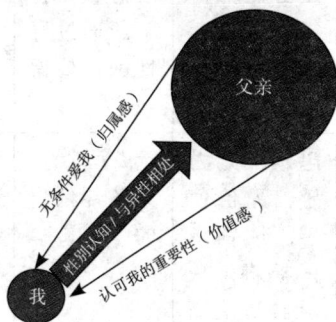

图3　父爱对女孩的影响

1.父母是我们一生力量的来源，父亲是其中很重要的部分。

2.父亲对我们的爱及认可决定了我们如何感知爱、价值及塑造自我。

3.在童年时期，父亲与母亲的相处模式及与我们的相处模式决定了我们如何与异性相处。

4.父亲对异性恋女儿的亲密关系的影响，比母亲所带来的影响要更加深远（见表1）。

表1　父爱影响与异性相处模式

父亲	我	异性	结果
父爱充足/良性的父女关系	能感受到充盈的爱；被尊重的；有价值的；有安全感的	自信的；轻松的；有界限意识的；平等的；值得被爱的	和谐的亲密关系/容易感知幸福

感受不到 / 印象模糊	觉得父爱匮乏的；缺乏价值的；缺乏安全感的	不知如何相处；紧张不自然的；界限感模糊；不断通过异性确认值得被爱的	在亲密关系中会经常有挫败感 / 亲密关系不顺利
具有暴力倾向的 / 侵犯的	恐惧；无力感；无价值感；性别意识模糊；缺乏自我认知的；隐藏着破坏欲的；有暴力倾向的	远离异性的；无条件依附的	基本难以获得和谐的亲密关系（除非经过一定的心理干预）

二、良性的父女关系对女儿的影响

1."父亲尊重我。"

从父亲那里，小女孩得到自己作为女性的第一个反馈。她们会感受到自己是被接受或是不被接受的；她们会感受到自己是有价值的或是不重要的。

人的自我尊重，最初基于他人对自己的尊重。对于女性来说，她们作为一个"性别为女的人"的自我概念，在很大程度上，最初是在父女关系中被塑造的。因此，父女关系中，女儿需要父亲尊重她作为女性的价值。

2."与父亲保持亲密的关系是安全的。"

女儿需要在一些男性面前能够放松，可以与他亲近，并知道她们即使这样也是安全的。她们需要被当作"人"

来看待，而不是工具。

当小女孩发展出性意识，开始注意自己的行为和打扮，并意识到她们有权保护自己的隐私，她们便能够发展出健康的界限意识。她们就能学会如何说"不"，而这在她们未来的社交之中将是一项基本的人际关系技巧。

3."男人和女人可以公平交涉。"

父女关系是女儿学习如何公平交涉及适当妥协的重要契机。当父亲在关系中有绝对权威，立下死板的规矩时，女儿很快会学会反抗。

如果父亲过度批判，在父女关系中有至高权利，对于女儿来说，男人就会成为敌人。

如果父亲是公正的，会倾听女儿的想法，她会获得自信，为自己有见解而感到骄傲。

4."女人可以坚定自信，而不一定要咄咄逼人。"

当女儿学会与父亲沟通，当她们的见解被父亲倾听、欣赏，她们会发展出自我确信感（self-assuredness），而这会让她们变得坚定自信，会为自己而站出来。

这一点与具有攻击性的、咄咄逼人的行为很不同；后者来源于无力感与好斗。

5."在异性关系中可以有哪些期待？"

如果父亲是一位暴君，那么从女儿小的时候开始，她就会觉得男人本质就是坏的。

如果父亲酗酒或施虐，女儿会认为，男性是那些被允许失控而去肆意伤害别人的人。

对于女儿来说，一个无意识的结论是："如果父亲善待我，我是一个值得的个体；如果父亲拒绝或批判我，我就是不好的、不值得别人对我好的。"

三、练习

1.给父亲写一封信，告诉他，在过往的人生中，你曾经渴望得到而父亲却没有给予你的是什么？

2.第二天，再给父亲写一封信，父亲即将离世，你有哪些话想对他说，用原谅和宽恕的心态去表达你的感受。

3.第三天，继续给父亲写信，在父亲的有生之年，你想选择什么样的方式和父亲相处？

4.回顾那些在你生命中曾经出现过的重要的男人，并写下他们的特质。哪些特质是你喜欢的，哪些是你不喜欢的？你喜欢的这些特质可以给你带来什么样的好处？

5.在你的认知中，你最欣赏的男人的特质是什么？如果你拥有了这样的伴侣，你的感受是？请停留在你的感受里。

6.你已经拿回了满满的父爱，你将开启幸福喜悦的人生，重新设想一下，你希望找到什么样的伴侣，请详细描述他的特征（需要连续七天）。

CHAPTER 04

处理母亲与"我"的关系：
觉察价值感传递

你不是谁的复制品，拆掉标签，你是你自己

导 语

_如果母亲是一个自我充盈、价值感很高的女性，那么她对待女儿相对来说就会很宽容，这样的母亲会允许孩子自由成长。就像一株植物，如果播种在肥沃的土壤里，它就会长得很茁壮。

_我们的存在本身就是有价值的，我们的价值并不是为了获得别人的认可，而是帮助我们去完成真正所要的人生。

_警惕母亲对我们有意识或者无意识的改造，价值感较低的母亲会希望通过改造女儿提升自己的价值感，但这本身就是本末倒置。

_看到内心真正的渴望，并允许这些渴望生长，从而活出自己想要的人生。

01

"荷塘月色"是一家素食餐吧，地方不大，但环境幽静。餐厅装修得古香古色，餐厅的前院有一小片竹林，竹林旁是一个小水塘，水塘里种着几株荷花，荷叶下面隐约可见有几尾锦鲤。

而后院，则随意摆着四五张原木桌子，和深绿色的小沙发放在一起，一派浑然天成的样子。最妙的是它有一个极高的玻璃穹顶，外面的几棵参天大树把穹顶遮住了，里面的几株热带植株又发了疯的向上生长，内外呼应，让人仿佛置身于热带雨林一般。

坐在这里，午后可以喝喝咖啡，而晚上则可以抬头看月色。

这一晚的月色尤其好，薛美杉却顾不得看，她正坐在小沙发上看资料，严格来说，是看美女资料。从电视广告方案确定到现在已经一个多月了，但是广告的女主角还没有定下来。

这让薛美杉很是忧心，她担心夜长梦多，丢了这单来之不易的生意。

"可真是个努力的姑娘啊！"

薛美杉一惊，再抬头，便见老者已经端坐在了她对面的沙发上。

薛美杉无奈耸了耸肩，"没办法，**没有伞的孩子，只能努力奔跑！**"

"上学的时候，名列前茅，工作之后，又出类拔萃，年纪轻轻就靠自己的努力买房买车，拥有一家公司。不得不说，你跑得不错。"

薛美杉不知老者是嘲笑还是赞誉，"这有什么不好吗？"

老者又问，"你快乐吗？"

"当然。"薛美杉非常肯定地点了点头，她觉得她所有的快乐都是建立在这些自我成就之上。

老者笑了笑，眼神有些狡诈，"哦，我记得没错的话，你们刚刚点了'毕加索阳光''黑椒墨玉''峨眉日记'……还记得这些菜都是什么味道吗？"

薛美杉拧眉想了半响，最后还是摇了摇头，刚刚吃饭的时候，她只顾得和冷海说话了。

冷海是一名娱乐经纪人，也是她多年的好友，冷海知道她在选广告女主角，便把自己的艺人带了过来，想走个后门，寻一个机会。

老者又指了指玻璃穹顶，"今晚的月色不错啊。"

薛美杉抬头扫了几眼，又笑，"你的意思是，我要放下工作吗？"

老者也笑，笑容和月光一样清浅，"我的意思是，你为什么要一直奔跑呢？"

薛美杉越发困惑起来，"什么意思？"

老者站起来，白色的袍子晃了几下，又不见了。

UMK西餐厅。

用完餐，黎南行目光清冷，等着薛美杉开口。吃饭之前，她给了他一堆资料，他猜不透她葫芦里卖的是什么药。

> 如果没有自我觉醒，我们的一生都要为归属感和价值感而奔波。

"黎总，从投入产出的角度来讲，话题营销的性价比是最高的。"

黎南行点了点头。

"所以，我想，广告的男主角能不能换一下？"虽然知道不可能，但薛美杉还是硬着头皮试探道。

"换谁？"

"现在很多品牌，都是创始人自行代言的。"薛美杉指了指黎南行。

"然后呢？"

"其实我觉得，女主角用岑曦挺合适的。"

岑曦是黎南行的女朋友，年轻貌美不说，还是名模。

薛美杉之所以提岑曦，是受了姜米琪的蛊惑。姜米琪的原话是，黎总之所以始终对女主角不满意，就是希望借坡下驴，让岑曦上。对于这个建议，她有些似是而非，但最终还是决定试试。

薛美杉目光灼灼地看着黎南行，她觉得她这个坡修得很巧妙，也足够光滑。但是黎南行却不知怎的，竟忽然站起来，然后一转身走了。

走到门口，黎南行又站定，"如果合适，我也不用等这么久了。"声音冰冷刺骨。

薛美杉扶额，她觉得黎南行好像又犯病了，和她在医院醒来的那个傍晚一样。她没有得罪他，她向来都不敢得罪他，可是他怎么说翻脸就翻脸了呢？难道是自己夸岑曦夸得不够，还是，他觉得她推举岑曦只是在敷衍了事？

对此，薛美杉的脑子里有十万个为什么。

02

三天后，黎南行终于选定了NAP.L电视广告的女主角——严木兰，就是冷海当天带到"荷塘月色"的那个女人。

严木兰是一个影视新人，演技不错，但是名气一般，至于姿色，在女演员里，只能算是平平。严木兰的资料，她本来是不想递的，总觉得递了也是白递，但是架不住冷海天天耳提面命的催。

对于这个结果，薛美杉开始很吃惊，她觉得应该是黎南行的审美有问题，但很快，她就改变了认知，有问题的不是黎南行的审美，而是他的道德。

因为，新闻上就是这样说的。

NAP.L新一季的广告分三个系列，第一个系列的取景地是在一个艺术区。当天拍摄很顺利，不到3点就拍完了。收工后，薛美杉又带着关于FAVOUR的几个核心问题去了NAP.L，对于第二个系列的拍摄细节，他们还要再集中过一下。

结果，他们刚赶到NAP.L，关于黎南行和严木兰的新闻就在网上被爆了出来。NAP.L的创始人黎南行和著名影视投资人申晨大打出手，致使申晨受伤住院，而他们争夺的对象，正是十八线新人严木兰。

薛美杉拿着新闻简报去找黎南行确认。

"这个叫申晨的，我认识吗？"

"还有严木兰，把今天在片场的算在内，我也只见过两次，你不是都在现场吗？"

黎南行对薛美杉冷脸是常事，但是发火还是第一次，就差拍桌子掀凳子了。

薛美杉想反驳，这个又不是我说的，是人家新闻记者说的，你对着我发火干什么？但她不敢，也没有时间。

确认了事实之后，薛美杉立即下了决定，要赶快启动危机公关。她担心这个八卦新闻会被竞争对手利用，然后演变成对NAP.L的攻击。

把工作有条不紊地安排好之后，薛美杉开始给严木兰打电话，但一直打不通，她只能打给冷海。

冷海那边也急得如热锅上的蚂蚁。严木兰是他刚签的艺人，他非常看好严木兰的演技，原本想好好把她推成一个实力派。结果，这几个电视剧的本子正在谈着呢，她就闹出了这么大的负面新闻。

她和黎南行是清白的，这个他敢肯定，新闻上八卦的图片就是今天在片场的照片。而她和申晨，他就不太确定了，和申晨的照片是偷拍的，他们不但有说有笑，还牵着手，一看就是情侣关系，可是申晨是有未婚妻的。

如果严木兰被扣上小三的帽子，近期再想翻身，就不容易了。哎，可真是个不省心的主儿。冷海一边安排人到处找严木兰，一边唉声叹气。

如薛美杉所料，NAP.L果然被竞争对手盯上了。

到了第二天中午，大部分媒体便不再关注严木兰了，而是把焦点都转移到了NAP.L和黎南行身上。用户甚至开始在网上发起抵制NAP.L的行动，这些用户的身份真假难辨，但是从组织的有序性上，一看便知是竞争对手安排的。但其他的消费者不知情，便也左右摇摆起来。

找不到严木兰，无法还原事件的真相。她们便只能采用常规的危机处理手段，发声明辟谣，压制负面新闻，紧急上线一些促销活动，但是，却杯水车薪，治标不治本，事态仍在发酵。

03

临近午夜。

黎南行推开小会议室的门，他不太确定，站在窗子前的那个人是不是薛美杉。她平日好像不吸烟的，而今，一双白皙如玉的手里却闪烁着荧荧火光。

黎南行把门开得大了一点儿，外面的光线照进来，他一点点去辨认那个瘦弱的背影，是她。她好像是在哭，虽没哭出声，但肩膀却一直不停地抖动着。

黎南行步子顿了一下，一时间有些不知所措，但是他的心却推着他向前。他走到她身侧，抽掉她手里的烟，然后放在窗台上掐灭。

她惊慌失措地扭过头来，赶忙抬手擦了擦眼泪，"对不起！"但话一出口，眼泪却又多了不少。

一直以来，她都麻醉自己，FAVOUR能拿下 NAP.L 的项目完全是凭实力，但是她心里清楚，这里面有黎南行对她的提携和偏顾。原本，她是想靠着成绩回报他的，不曾想，却给他带来了这么大的一个麻烦。

黎南行转过身来，看了薛美杉一眼，"没事！"

薛美杉不敢抬头，眼泪却越淌越多，然后不知怎的，她颤抖的身子就落进了一个宽大的怀抱。

从出事到现在，差不多快三十个小时了，她一直没合过眼，饭菜也只吃了几口，再加上紧张和焦虑，整个人虚弱得像秋天的落叶。人一虚弱，就容易变得反应迟钝，她没有推开黎南行，而是任由他抱着。

她觉得他的怀抱温暖又安全，像是有一股阳光混杂着青草的味道，让人想昏昏欲睡。

他本想把她抱得再紧一些，但最后还是犹豫了，他只是用手拍拍她的背，"你去旁边的酒店先睡一会儿。"

薛美杉摇了摇头，她想，她还不能睡，找不到严木兰，她不能睡，也睡不着。

对，她还要去找严木兰！

薛美杉这样想着，便忽然推开了黎南行，然后又掏出手机，"冷海，你在哪儿呢？我和你一起去找。"

挂了电话，薛美杉又抹了一把眼泪，"我出去一下。"

"我陪你吧。"黎南行开口道，他着实担心她一个人开车不安全。

薛美杉摇了摇头，便推门出去了。以前，她总觉得是黎南行刻意刁难她，现在，却发现是自己"成事不足，败事有余"。

价值感较低的女性有一个显著的特征，便是逞强。

04

薛美杉和冷海晃荡到后半夜，才终于确认了严木兰的所在——她在一间高档公寓里。

　　冷海在前门敲门，没人回应，薛美杉拉开冷海，然后一脚就踹了上去，她想，如果严木兰再不开门，她就砸。总之无论如何，她都要把严木兰拖出来，然后押到媒体面前，让她把一切都说清楚。

　　可是，当门被拉开的刹那，薛美杉却犹豫了。她呆愣了片刻，然后又扭头看了一眼冷海，两个人这才一左一右，硬生生把严木兰又架回到了床上。

　　严木兰发烧了，烧到几近脱水，嘴唇干裂，眼神呆滞，看起来就像是一个被抽走了神识的提线木偶。

　　在房间里转了一圈之后，薛美杉越发庆幸他们来得及时，她想，要是他们不过来，严木兰就算不被高烧烧死，也会被饿死。家里没有药，饮水机里也没有水，冰箱里更是空无一物。她不知道，严木兰这两天到底是怎么过来的，这简直是生命的奇迹。

　　薛美杉打发冷海去买药，然后又转身去厨房，烧了点自来水，烧好后，她又用小碗晾凉，再一勺一勺喂给严木兰。

　　严木兰喝了几口水，终于回了点神儿，"不好意思，手机丢了。"

　　前天下午她刚收工，便接到了申晨的电话，两个人约在片场附近的一间咖啡屋见面。结果还没聊几句，两个人就吵了起来。申晨起身要走，她死命拉扯，一来二去，不知怎的，申晨就从二楼的楼梯上摔了下去。

　　她和申晨的助理一起把申晨送到了医院，却被申晨的未婚妻羞辱了一番，又让人撵了出来。她失魂落魄，打了一辆车回家，结果下车的时候，竟把手机落在出租车上了，而回到家，她就开始发烧，一直烧到了现在。

现在的她，早已不知道今夕是何时了。

薛美杉原本是要把严木兰当犯人审的，但见她现在的样子，又不忍心。她想，怎么着，都要先把人救活了再说。

薛美杉帮严木兰做了一番物理降温，便又开始去厨房找了点小米熬粥。等她熬好粥，又一勺一勺喂完严木兰，冷海才回来，24小时的便利店不好找，药店更不好找。

薛美杉给严木兰喂了药，又掖了掖被子，这才对着冷海道，"你先回去吧，我在这儿照看她。"

冷海犹疑了一下还是走了，他一个大男人在这留宿，确实是不合适。另外，现在外头的新闻又太多，他也不想引火上身。

等严木兰睡了，薛美杉才洗了脸，然后抓了一条毯子，去沙发上躺下。

"找到了。"薛美杉拿起手机给黎南行发了一个信息，才沉沉睡去。找到了，她的心，总算能安稳下来。

但不知怎的，没睡一会儿，她就又醒了，没有做噩梦，是忽然惊醒的。

老者问她，"你快乐吗？"她说，"是的。"老者又问，"你累吗？"她回答，"不累。"

可是这些都不是真的！她很累，不管是身体还是精神，都很累。

薛美杉躺在沙发上，禁不住又想起黎南行的那个拥抱，他的怀抱好宽，温暖又安全，她好想一直躲在里面不出来。可是那个怀抱并不属于她，属于她的只有蜷缩的身体、一条毯子和一个小沙发。

这个发现，让她觉得凄然无助又窒息绝望，她木然四顾，忽然想放声大哭。

是夜，黎南行没有回家。他的办公室有一个套间，里面有床，生活用品也一应俱全，有时候加班太晚，他便会睡在这里。但是这一夜，他躺在床上，却怎么也睡不着。

他一闭上眼，就能看到薛美杉瘦弱的身影、手指间的烟火、颤抖的肩膀以及一脸的泪水。

还有，一想到她正一个人在后半夜清冷的街道上奔波，他的心就揪痛不已。

他忽然觉得，她虽然比大部分女人坚强，但是也更脆弱。

她脆弱得就像一只萤火虫，那么小，却发着光。

05

薛美杉蜷缩在沙发上，啜泣着，然后便有一只手伸过来，温凉如玉。

是老者，她知道他会来。

"又遇到难题了？"

薛美杉瓮声瓮气地道，"我说谎了。"

老者点了点头，"嗯。"

"你问我为什么一直奔跑，我想不到答案。但是我很累，也不快乐，可是如果不奔跑，我会更不快乐。"

老者笑了笑，"上学时是好学生，工作了是好员工，

在童年，价值感未被认可，成年后，便会一直重复这种模式。

创业之后也是好老板，有责任心，有担当力，身上被贴了很多金光闪闪的标签，家人朋友以你为荣，对吗？"

薛美杉赶紧从沙发上爬起来，"是的，完全正确。"

老者在薛美杉身上拍了拍，"如果我把这些标签都从你的身上摘掉呢，你会怎么样？"

薛美杉拧眉想了想，"我会觉得自己是一个废物。"

"所以，你奔跑的目的，只是为了不让自己变成废物，是吗？"老者问道。

薛美杉把头放在膝盖上，想了一会儿，然后点了点头，"好像是这样。"

"那严木兰呢？"老者又问。

"她只是想成为一个大明星。"薛美杉答道。

在冷海出去买药的那一个多小时里，严木兰断断续续向她讲述了她与申晨之间的感情纠葛。

三年前，严木兰刚从戏剧学院毕业。在一次试镜中，她认识了申晨。申晨三十多岁，中等身材，不帅，但是成熟稳重，谈吐幽默，是一个很有魅力的男人。

那次见面没多久，申晨便开始追求严木兰。起初，严木兰觉得二人年龄相差太大，没有同意，但很快就又答应了。毕业之后，她的演艺之路一直不顺，她想，或许申晨的人脉能帮上她。

两个人交往了两年多，感情一直不错，但是前一段时间，严木兰才知道，原来申晨是早有未婚妻的，只不过他的未婚妻在国外而已。

严木兰不想失去申晨，便偷偷把自己和申晨的消息报给了媒体。而这次申晨去找严木兰，就是警告她，如果她

来自童年的限制性信念：我只有不停地创造特殊价值，才是值得被爱的，如果没有，我就是不值得被爱的、不被关注的、没有价值的。

再敢肆意妄为，那么他就要不顾情分地进行报复了。

那一刻，严木兰觉得自己的整个信念都坍塌了，所以才急火攻心，一病不起。

"这样看来，你们还真是很有缘分啊。"听完严木兰的故事，老者笑着说道。

从老者的话里，薛美杉好似得到了顿悟，"其实不只是我，是很多人身上都贴着金光闪闪的标签，比如聪明、漂亮、富有、幸福，等等，这些标签就像是我们的衣服一样，我们穿上它，便会觉得温暖安全，一旦脱下它，我们就会觉得自己是没有价值的，是这样的吗？"

老者赞许地点了点头，"你现在的醒觉能力倒是精进了很多呢。"

薛美杉拧眉问道，"可是，这是为什么呢？"

"一个人，终其一生，所要追求的东西无非就两样，归属感和价值感。"

"价值感？"

"是的，对你来说，成绩会让你有价值感，而对严木兰来说，她的价值感就是万众瞩目。"

老者手一挥，半空中出现了一副全息影像，是两个女孩。一个女孩的脖子上挂了无数的奖牌，而另外一个女孩站在舞台上，舞台下响起了雷鸣般的掌声。

薛美杉指了指自己，"第一个女孩是我吗？"

老者又笑了笑，"你觉得呢？"

薛美杉有些不好意思起来，很明显，那两个女孩一个是自己，一个是严木兰。

"可是追求这些价值感，有什么不对吗？"薛美杉禁不住问道。

"我们的存在本身就是有价值的，就和一朵花的存在，一粒沙的存在一样。"

老者继续引导着薛美杉，"回想一下，在你刚出生的时候，你会在乎这些标签吗？"

薛美杉摇了摇头，"不在乎是因为我们还不懂事。"

"错了，不在乎，是因为我们本身就是自我充盈的。"

"那怎么，后来就在乎了呢？"

"这是一个很好的问题。是的，为什么我们后来就在乎了呢？"老者笑了笑，"所以，今天我们探讨的主题便是，价值感和身份认同的关系。"

薛美杉万分期待地看着老者。

老者笑了笑，"不过关于身份认同这一块，我们要分成几节课才能完成，我们今天要讲的是，身份认同和母亲的关系。父亲教给我们与异性相处的方法，但是母亲却决定着我们如何去塑造自己。"

薛美杉一听，却忽然笑起来，"怪不得有人说，找媳妇，要先看丈母娘呢。"

老者赞许地点了点头，"没错。"

随即，空中又出现了一幅全息影像，是一对母女。

"如果母亲是一个自我充盈，价值感很高的女性，那么她对待女儿就会很宽容，这样的母亲会允许孩子自由成长。就像一株植物，如果播种在肥沃的土壤里，它就会长得很茁壮。"

老者顿了顿，又道，"而如果母亲本身就是一个价值感很低的女性，那么她便很有可能把她的低价值感传递给她的女儿。"

"传递？价值感还能传递吗？"薛美杉觉得这个说法很新奇。

老者点了点头，"当然。"

"这种传递有两种结果，一种是显而易见的低价值感，她表现出来的特征就是可怜兮兮、懦弱、没有承担力、喜欢哭、经常会觉得委屈、觉得自己什么也做不好、她是没有价值的、是需要依附于别人的。"

薛美杉认真地聆听着老者的话，"然后还有一种，就是我这样的吗？"

"是的，不断通过获得外界的认可来增加价值感。"老者笑了笑，眼睛里闪耀着智慧的光芒。

薛美杉禁不住想起了自己的母亲。

小时候，父亲常年在外，母亲一个人在家里，既要照顾她和妹妹，又要上班，非常辛苦，平时很少笑。可是每当她考试拿了第一，母亲的脸上总是会浮现出骄傲的笑意。

所以为了让母亲开心，她便把考试拿第一当成了目标。久而久之，就成了一种习惯。

"你为什么一直在奔跑？"

她想她终于找到了答案，原来，她一直追寻的并不是那些荣耀，而是母亲的认可。爱是没有形状的，她把母亲的认可当成了爱。

薛美杉把头埋在膝间，哭了半晌，才抬头，"那怎么样才能找到自我的价值呢？"

老者笑了笑，又重复了他刚才说过的一句话，"我们的存在本身就是有价值的。"

薛美杉越发困惑起来，"嗯？"

"我们的存在本身就是有价值的，我们的价值并不是为了获得别人的认可，而是帮助我们去完成我们真正想要的人生。"

"我们真正想要的人生？"

"是的，活出你自己的人生，而不是别人的，不是你父亲的，也不是你母亲的，仅仅是你自己的，你存在的意义，就是要去体验你自己想要的人生。"

"那怎么样才能知道我到底想要什么样的人生呢？"薛美杉迫切地问道。

老者笑了笑，在她耳边耳语了一番，然后又消失了。

06

薛美杉醒来的时候，严木兰早已梳洗打扮完毕，整个人虽然清瘦了一圈，但是精神却好了很多。

薛美杉探了探严木兰的额头，高烧也退了，只是额头上还有一些细汗，估计是身子太虚的缘故。

薛美杉打电话叫了外卖，两个人坐在餐桌边吃早餐。刚吃了几口，严木兰就停下了，然后支支吾吾开了口，"薛总，能不能麻烦你一件事？"

薛美杉坐直了身子，"什么事？"

"你能不能帮我去医院看一下他？"严木兰恳求道。

"他都要结婚了，你还不准备放手吗？"对严木兰，薛美杉是有一些恨铁不成钢。

"可是……"严木兰想说，不管如何，她都不能离开申晨。

走出母亲对我们的影响。

薛美杉白了严木兰一眼，"先吃饭，吃完饭再说。"

吃完饭，薛美杉自然没有带严木兰去见申晨，也没有押着她去见媒体。她觉得对于严木兰来说，最重要的便是要想清楚，她到底想要什么？为了虚妄的名声，如此委曲求全，不值得！

薛美杉把自己与老者的对话全盘讲给了严木兰，果然，严木兰的情况和她很类似。

严木兰出生于一个小县城，她的母亲是当地的头号美女。她母亲一辈子的理想就是做明星，但是因为种种原因，这个理想没有实现，所以，她便把所有的希望都寄托了严木兰身上。而很显然，严木兰把自己出名的希望寄托在了申晨身上。

> 父母对孩子过高的期望其实就是在剥夺孩子成为自己的权利。

"如果，你想把你的青春都浪费在这样一个人身上，那么你就去，如果不想，那我们接下来做一个练习。"

严木兰犹豫了半天还是决定留下来，"什么练习？"

薛美杉拉着严木兰回到卧室，让她盘腿坐在床上，然后转身去把所有的窗帘都拉上了。整个房间，瞬间就漆黑一片。

准备完毕，薛美杉也上了床，盘腿坐在严木兰的对面，然后才把练习的详细方法分享了出来。

其实方法很简单。

首先，练习者A要闭上眼睛，然后大声把自己想要的生活内容喊出来。而练习者B则要以更大的声音，在一旁询问，"你要什么，你到底要什么！"

直到练习者A把内心深处真正所想要的内容喊出来，针对练习者A的训练才结束，然后两者身份对调。

第一轮练习，严木兰担任练习者A。

最开始，严木兰的声音有些有气无力，"我要爱，我要幸福，我要申晨，我要做一个超级明星……"

见严木兰并未完全投入，薛美杉的询问声越来越大，一遍又一遍，撕心裂肺，"你要什么？你要什么？你到底要什么？"

就像回音壁一样，薛美杉的声音越大，严木兰的声音也越大。很快，严木兰就在薛美杉声嘶力竭的叫喊声中，流下了眼泪。

"我要简单的生活，我要爱，我要幸福，我要爸爸妈妈都健康快乐，我要一个芭比娃娃，我要朋友……"

喊到朋友两个字的时候，严木兰的嗓子几乎都喊哑了。

从小到大，她几乎把所有的时间都用来学习，学习跳舞、唱歌、朗诵、演讲……她一个朋友也没有。可是，她真的希望自己也能有几个好朋友，可以一起玩闹、一起逛街、一起八卦，甚至是朋友间的吵架，她都是极其渴望的。

原来，她要的竟是如此简单！

练习结束之后，严木兰慢慢地睁开双眼，她看了看薛美杉，然后紧紧地抱住了她。薛美杉也温柔地拍着她的背。

严木兰哽咽着，"我从来就没有这么轻松过。"其实不只是轻松，还有愉悦和感动。

> 当我们放弃追求身份认同，愉悦便会出现。

07

申晨并不在严木兰所渴望的生活里，所以她准备放手，但是薛美杉却不打算放过申晨。

严木兰的放手，是慈悲，薛美杉的不放过，也是慈悲，因为每个人的慈悲都有选择，她选择黎南行。

薛美杉从严木兰家离开后，便只身去了医院，申晨的伤并不重，只是当时磕到了脑袋，造成暂时性昏迷。她和申晨聊了一会儿便离开了，没人知道，他俩到底聊了什么。

但是申晨出院后却火速召开了一个小型的新闻发布会，在这个发布会上，他对前几日所发生的事情，做了澄清，随即又宣布了一个新计划，晨光影视即将开机的一部时装剧，将邀请严木兰出演女一号，而NAP.L将会成为这部时装剧的赞助商之一。

这个发布会，让之前的各种谣言不攻自破。

因为，显而易见，申晨和黎南行大打出手是假的，黎南行、申晨和严木兰三者的绯闻也是假的，大家唯一的关系就是合作伙伴的关系。

一场新闻发布会，不但让危机得以化解，更给了所有人新的机会。

严木兰得到了梦寐以求的女一号，申晨的未婚妻得到了婚姻，申晨重获安宁，而NAP.L，则以极小的成本获得了从未有过的关注。

新闻发布会结束的时候还不到11点，接下来还有一个酒会。薛美杉没有参加酒会，也没有回公司，而是一个人开车回了家。她现在唯一的念头，便是睡觉，她要睡上三天三夜，把过去一个星期的觉都补回来。

而在沉入梦乡之前，薛美杉又看到了她内心真正渴望的那副画卷。有蓝天，旅行，家，孩子，还有一个花房，花房里有缤纷的花朵，也有泥土的芳香。

扩展阅读

一、母亲对女儿亲密关系的影响（见图4）

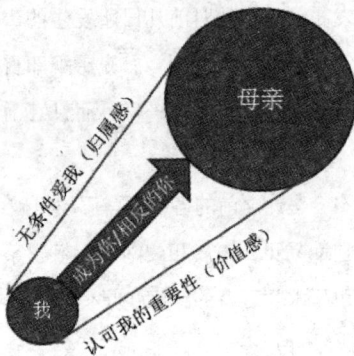

图 4　母爱对女孩的影响

1.父母是我们一生内心力量的来源，母亲是其中很重要的部分。

2.母亲对我们的爱及认可决定了我们如何感知爱、价值及塑造自我。

3.在童年时期，母亲与父亲的相处模式及与母亲对我们的控制程度决定了我们成为什么样的女性。

4.母亲的亲密关系模式很大比例上会在女儿的身上重演（见表2）。

表 2　母爱对自我塑造的影响

母亲	自我塑造	结果
母爱充盈 / 母亲的自我价值感较高	乐观的；自信的；轻松的；有力量的，有爱的	和谐的亲密关系 / 容易感知幸福

续表

母爱匮乏 / 母亲的自我价值感较低	可怜的；脆弱的；需要依附别人的；没有价值的；不值得爱的	无法从亲密关系中获得真正的愉悦
母爱匮乏 / 母亲的自我价值感较低	强势的；外表自信内里自卑的；不断通过外界的认可证明自己价值的；紧绷的；脆弱的	紧张的，不甚和谐的亲密关系

二、母亲低价值感的传递原理

1.母亲在她的亲密关系中，没能治愈她来自童年的创伤，所以她的创伤以及由此产生的限制性信念会一直存在，如我是不值得的，我是不被爱的，我是被遗弃的，等等，这些信念会隐藏在她的行为模式中。

2.母亲在日常生活中很容易扮演受害者角色，呈现出受害者的行为模式。

3.在我们的性别意识逐渐建立的过程中，我们会意识到自己和母亲是相同的性别，母亲便自觉成为我们成长的老师，我们会无意识地继承母亲的行为模式，比如可怜的、脆弱的等形象。

4.母爱虽然是天生的，但是母亲在潜意识里会一直觉得自己的爱是匮乏的、不足的，女儿为了讨好母亲便会更加努力地去产生特殊价值以获取母亲的认可，从而对女儿产生新的创伤。

5.有的女性会对母亲的低价值感产生反感，具体的表现就是竭力变成和母亲不同的人，但也可能因此放弃了真正的自我。

6.低价值感的母亲会有意识或者无意识对我们进行改造。

三、打破这种低价值的传递

1.我们的存在本身就是有价值的。

2.我们天生俱足，无须从外界寻找。

3.唤醒沉睡的自我意识，想清楚自己到底要过什么样的人生。

4.以行动去重塑自己的价值体系。

四、练习

1.给母亲写一封信，告诉她，在过往的人生中，你曾经渴望得到而母亲却没有给予你的是什么？

2.第二天，再给母亲写一封信，假如母亲即将离世，你有哪些话想对她说，用原谅和宽恕的心态去表达你的感受。

3.第三天，继续给母亲写信，在母亲的有生之年，你要选择什么样的方式和母亲相处？

4.在过往的人生中，母亲都通过什么样的事情对你产生了哪些影响？使你产生了什么样的特质？哪些是你所不想接受的？产生了怎样不舒服的感受？将它们记录下来。

5.我不想要的这些特质曾经带给我的好处是什么？为此，我要对母亲说声谢谢。

6.选择一个隔音效果好的空房间，大声喊出你想要的生活，并与你想要的生活同在。感受一下你已经拥有了你想要的生活。

7.闭上眼睛，邀请你的母亲来到你的面前，大声告诉她，你将不受她的影响，你要开始新的生活。

CHAPTER 05

你的潜意识，
在对亲密关系说"是"还是"不"？

甩掉恐惧最好的方式是：
面对它，接受它，放下它

导 语

_恐惧反应是我们身体的一种自我保护机制，会保护我们免受
伤害，但同时也会束缚我们，致使我们的生命得不到更大的
伸展。

_当你意识到自己已经陷入恐惧的"自我滋养"循环的时候，
你要做的第一件事便是喊"STOP（停下）！"

_每一个来自童年创伤的疗愈，都会让我们找回属于我们的原
本的力量。

_自我疗愈没有捷径，唯一的选择就是勇敢。

01

周末，薛美杉刚洗完澡，便接到彭簌簌的电话。她随便套了一条白色的棉布裙子，就提着猫笼子下了楼。头发上的水滴在后背，湿乎乎的，有些不舒服。

她一路走，一路纳闷，不知道彭簌簌遇到了什么事，竟如此着急？等她到了咖啡屋，便见彭簌簌已经端坐在沙发上，正神情专注地在一个本子上写写画画。

薛美杉把猫笼子放下，"找我什么事？"

彭簌簌抬起头，又本能地往后躲了躲，"你什么时候养猫了？"

这只猫是薛美杉前几日在小区里捡到的，又瘦又小，腿还瘸了，估计是被人遗弃的。她原本不想养，主要是也不会养。但是那一日下着雨，小猫躲在一簇灌木丛里，楚楚可怜地冲着她叫，她便一时起了恻隐之心。

"她叫小白痴。"薛美杉对着彭簌簌介绍道。

彭簌簌撇了撇嘴，"啧啧，和你挺像。"

薛美杉又用手绞了绞头发，"到底什么事？"

彭簌簌把本子推过去，"赶紧帮我看看，有没有哪里要改的？"

原来，本子上列着的是一份采访提纲，黎南行向来是不愿意接受媒体访问的，这次怎么会同意呢？

"我给他的私人邮箱发了一组我的照片。"彭簌簌眉眼轻挑地笑了笑，又特意把胸往前凑了凑，"你说，他是不是对我有兴趣？"

薛美杉还未来得及开口，就见彭簌簌已经站起来，然后在她面前，风情万种地转了一个圈，"怎么样，你觉得他会喜欢吗？"

彭簌簌原本就身材高挑，眉眼精致，今天又特意穿了一套白色的重磅真丝西装，发式是斜式的短发，右耳戴着一串金色的流苏耳环，不但漂亮，而且知性优雅、魅力四射。

黎南行身材高大，彭簌簌也不矮；黎南行冷若冰霜，彭簌簌却热情似火。这样看来，他们还真是挺合适，至少她比岑曦更适合。岑曦是漂亮，但是漂亮得有些空洞，有些缺乏文化素养。

薛美杉审视了半天，最后还是点了点头，她想，黎南行应该会喜欢！

欣赏完彭簌簌的美貌，薛美杉便开始乖乖帮着改提纲。关于NAP.L的那一部分，她改得比较多，但是关于黎南行的那部分，她一字未动。

"你真的对黎南行一点儿兴趣也没有吗？"

薛美杉眉眼清浅一笑，"当然有，不过，我只对黎南行的钱感兴趣。"

彭簌簌伸手拍了拍薛美杉的肩膀，特别豪气冲天地道，"行，等我做了黎夫人，就把NAP.L的所有传播项目都交给你来做！"

薛美杉故意笑了笑，"好，等你凯旋！"

这是一家叫LONG的咖啡屋，就在丽景小区门口。薛美杉经常来，她喜欢这里现磨的咖啡，还有松木桌子散发出的松香味。平日里，她没什么休闲方式，LONG是她为数不多的安乐窝。

可是此刻，她却觉得一点儿也不安乐了。

02

这一日，薛美杉又去NAP.L开会。

因严木兰风波，电视广告的拍摄计划需要调整。

在一间小会议室里，所有人都神情专注，只有两个人溜号。

黎南行看着幻灯片，脑子里却播放着另一组画面。新闻发布会的第二天，她来他的办公室，他追问她，到底是用了什么办法把申晨说服的，她竟俏皮地告诉他，她是带了一把刀去的医院。

那是她难得的在他面前不设防的时刻。

他想，那一刻的她，才应该是她本来的样子，姿态放松，眼神灵动，没有伪装，也不故意逞强。

看着她的样子，他竟然有一些贪心，他希望她可以永远如此，简单快乐，恣意潇洒。

会议室里关着灯，只有幻灯片发出暗淡的光。

薛美杉一会儿看投影幕布，一会儿又低头看资料，在这目光一拉一抻的过程中，没有人留意到，有那么短暂的几秒，她的目光会停留在黎南行的脸上。

黎南行的心情看起来不错，偶尔还会扯动一下嘴角，似笑又非笑。薛美杉禁不住想，黎南行的开心或许和彭簌簌有关，彭簌簌很健谈，能说会道，人又性感。

她想，他们应该有很多话题可以聊。

黎南行的洞察力向来敏锐，他知道她在看她，却故意无视，等她放松警惕的时候，他才忽然扭头，把她的眼光抓个正着。

薛美杉无处躲闪，便只能应着，只是，她眼里的探究已快速隐去，整个人又变得沉寂无波。

黎南行刚刚萌动的心，又一次变冷，他不太明白，她明明有喜怒哀乐，为什么独独对着他，如此淡漠疏离？

淡漠疏离，这也是薛美杉的感受，她觉得黎南行对她，不止是淡漠疏离，偶尔还会有恼怒和厌烦。

而恼怒厌烦之中，好似又有些在乎和关心，只是，这些在乎和关心被隐藏在九曲十八弯里，她不敢去认真探究，怕会是她的自作多情。

> 在面对与恐惧事件的相似事件时，潜意识会启动自我保护机制，首先的反应便是远离。

薛美杉正在自己的小世界里辗转腾挪，手机却忽然响了起来，虽然声音很小，但她还是被吓了一跳。

她又看了一眼黎南行，然后赶紧把电话按掉，但随即就有一条短信跟进来，"快下楼，大事。"

是彭簌簌。

薛美杉无语，怎么又是大事？

"小姑奶奶离家出走了。"小姑奶奶是任嘉莹，她前几天刚刚订完婚，怎么会离家出走了呢？

薛美杉赶紧站起来，朝黎南行俯了俯身，"黎总，我这边有点急事需要去处理一下，非常抱歉。"

黎南行点了点头。

薛美杉走到门口，又把秦晓天叫了出去，两人耳语了一番，然后就听到走廊里传来咚咚咚的脚步声，薛美杉是小跑着奔向电梯的。

黎南行拧了拧眉，他想知道，到底是什么事，会让她这么急？

黎南行目光冷峻，又扫了一眼秦晓天，他不知道，可是他猜，秦晓天应该知道。

不得不说，秦晓天是一个非常有才华的男孩儿，不只是有才华，还年轻帅气，性格温和。单凭这一项，就能招来一大批女孩儿的青睐，何况他身上又占了那么多优点，难怪她喜欢他！

他们年龄相仿，有共同语言，不但郎才女貌，还默契无双，确实是一对佳偶。

黎南行越想，心情越窒闷，然后一起身，也推门走了，连该交代的话也没交代，留下会议室里其他的人面面相觑。

陈艳玲看了看门口，黎南行没有回来的迹象，便赶紧打圆场，"黎总可能有事，咱们继续。"

秦晓天清了清嗓子，又继续说了，但心里却五味杂陈。之前，他总觉得黎南行对自己有敌意，但不明所以。但刚刚，他懂了，因为，他们好像是喜欢上了同一个人。

03

薛美杉风风火火下楼，就见彭簌簌和张欣宇正在楼下等她。张欣宇一脸青紫，神情焦急。

薛美杉见状，急忙跑过去，"你们吵架了？"

张欣宇一边摇头，一边窸窸窣窣从口袋里往外掏东西，是一堆五颜六色的便利贴，"你们帮我看看这是什么意思？"这是今天早上他在家里的冰箱上发现的。

薛美杉接过来，按顺序一张张看，便利贴上的字虽然凌乱，但意思很清楚。

任嘉莹没有说爱不爱张欣宇，但是对张欣宇的爱和照顾做了隆重的感谢，这层意思，她写了三张便利贴。接下来的五张，则描述了她的不开心，她的不开心是突发而至的。昨天早上，她起来烤面包，就在面包片从烤面包机里弹出的刹那，她忽然就觉得，订婚一点儿也不好玩，结婚也不见得快乐，所以为了避免两相生厌，她还是走为上策。

薛美杉又看了一眼便利贴上的落款，"她昨天就走了，你怎么早上才发现？"

"我昨晚就不该睡觉。"此时此刻，张欣宇后悔得直薅头发，连续加了几天班，他昨晚回家连饭都没吃就睡了。他以为任嘉莹是和朋友出去玩了，并没有在意，结果，今天早上一起来才发现，媳妇不是出去玩了，媳妇是不要他了。

张欣宇又锲而不舍地追问，"这是什么意思？"便利贴上的字，他自然看得懂，但是想不通。

> 在恐惧的"自我滋养"循环里，面对类似事件，潜意识除了会将事件本身产生的痛苦放大，还会提前预设类似事件所产生的结果。

他们谈恋爱谈了一年多，从未吵过架，而且前几天刚订婚。为了庆祝订婚，他送了她不少礼物，她也买了一堆小家电回家，榨汁机、面包机、电饼铛，甚至还有一台什么包饺子神器，他是北方人，平时最喜欢吃的就是饺子。

她这明显就是要做贤妻良母的节奏啊，怎么一转眼，就跑了呢？

最危险的地方也是最安全的，果然，任嘉莹跑回了童城老家。

任嘉莹的家很气派，住的是独栋别墅，家里有保姆和司机。

但是，任嘉莹的家也很清冷，是那种贵族式的清冷。不管是任嘉莹和她的父母，还是她的父母之间，甚至他们与保姆和司机，在这个家里，每个人都尽量保持着体面、优雅、谦和的状态，但是没有亲密。

亲密不是现在没有的，而是在十几年前就没有了。

任嘉莹的卧室连着一个外伸的小露台，小露台上放着一把遮阳伞、一个小茶几和几张帆布小沙发。

夜深人静，薛美杉和任嘉莹坐在小沙发上喝酒。

都说酒后吐真言，还真是。几杯酒下肚，任嘉莹便打开了话匣子，有些话，她憋了太久，已经不堪重负。

任嘉莹的父亲是在她五六岁时下海经商的，最开始赔得一塌糊涂，但是很快就扭转了局面。不到两年的工夫，就赚了不少钱，但是财富并未给这个家庭带来幸福，带来的反而是持久的争吵和战争。

　　任嘉莹七八岁的时候，父亲有了外遇。父亲信誓旦旦地说，他还是爱着母亲的，和那些女人只是逢场作戏。但是母亲有情感洁癖，忍不了，于是两个人就开始吵架，最开始是三天一小吵，五天一大吵。吵到吵不出什么是非对错的时候，就开始大打出手。

　　有一晚，任嘉莹正在睡梦中，却忽然被歇斯底里的叫喊声惊醒了。她光着脚去父母的卧室，原本想劝架，但是推开门，看到的却是无比血腥的场面。母亲满脸是血，手里拿着刀，父亲也好不到哪里去，胳膊上的血一直往下流。她吓破了胆，转身就跑，结果失足从楼梯上滚了下去。

　　她在医院睡了好几天才醒过来。她原本以为，父母经此一役，必定会老死不相往来，但是让她意想不到的是，他们依旧夫妻恩爱。

　　她一度以为，那一晚，只是她做的一场噩梦而已。但是很快，她就搞清楚了状况，父母依旧会吵架，也依旧会在她和其他人面前表演恩爱夫妻的角色。

　　就这样，两个人又吵了几年，然后，有情感洁癖的母亲，也在外面找了人。

　　任嘉莹一边说，一边喝酒，酒喝得有些急，不一会儿，便有些醉了。

　　"他们说是为了我才不离婚的，真是感天动地啊！"平日里，任嘉莹做惯了贤良淑女，这样的事情，她是无论如何都不会说的。但是她想说，而且在心里已经说了千万遍。

　　任嘉莹说完了又哭，整个人都瘫软在薛美杉的怀里。

她不想逃跑，没人知道她有多么爱张欣宇。

可是她怕呀！

她没有机会去见识别人的婚姻，可是她父母呈现给她的是什么呢？没有鲜花，连野草都没有，全部都是婚姻里的残枝败叶和污秽不堪。

所以，她只能逃，她逃了，就不会把张欣宇拖到爱情的坟墓里去。

过往创伤产生的限制性信念是：婚姻是爱情的坟墓，无一例外，所以面对相似事件，自动化反应就是逃离。

04

那天，在LONG，彭簌簌走了之后，薛美杉又点了一份意大利面。

临近中午，她想吃了饭再回家，在等餐的工夫，她把小白痴抱了出来，结果小白痴在沙发上站了一会儿，就又立马钻回到笼子里去了。

小白痴被遗弃过，所以一直担心再次被遗弃，她想，任嘉莹就是另外一只小白痴。

因恐惧所产生的保护性行为会限制我们的生命获得更大的伸展。

小白痴！

薛美杉忽地坐起来，她今天走得急，竟忘了安顿小白痴。

她一个晚上不回家，不知道小白痴会不会害怕？一想到小白痴会坐在黑暗里，等着她回家。她的心就忽的很难过。

薛美杉也顾不得几点了，赶紧拿起手机给姜米琪发信息，让她明早务必去一趟她家，把小白痴带到公司去。小白痴怕人，但是同时也需要人。

还好，可真是万幸，姜米琪有她家的钥匙。

这把钥匙是她出院后给姜米琪的，主要是怕她以后在家里再出点什么事，她家的门又被砸坏了。那一天，她发烧到不省人事，黎南行是砸了她家的门，才把她及时送到医院的。

想起黎南行，薛美杉便是无论如何也睡不着了。

姜米琪不止一次在她面前描述过那个下午，她说，黎南行接到她的电话后，连大衣都没来得及穿就往电梯跑，她还说，黎南行去她家的路上，车开得飞快，连闯了两个红灯。还有，因为电梯检修，她是被黎南行从八楼抱下去的。

她想，这个黎南行，不是她认识的黎南行，应该是另一个平行时空里的黎南行。

他对她是不会如此在乎的。冷漠，才是他对她的真实态度，所以，她也不能在乎他。

她不能在乎他，所以她没有把他的名字写在那张白纸上，尽管他的影子一直在她的脑海里跳来跳去。

她不能在乎他，所以她没有告诉严木兰，在她渴望的那幅生活画卷里，也有黎南行。

她不能在乎他，因为无论如何，他也是她不能想象的，他已经有岑曦了。

真不知道他平日里和岑曦是如何相处的？也是冰冰冷冷的样子吗？应该不是！

那他会和岑曦结婚吗？

如果不会，他最终又会找一个什么样的妻子呢？

他们会很相爱吗？

黎南行也很有钱，会不会和任嘉莹的爸爸一样？

夜深如海。

但薛美杉却怎么也睡不着，一个接着一个的问题，像海浪一般往她的脑子里灌。

在海浪里，薛美杉又看见了老者。老者坐在沙滩上，依旧是白袍飘飘的样子。

"你喜欢黎南行？"

"你怎么知道？"薛美杉被吓了一跳，赶紧往后坐了坐。

老者目光灼灼地看着薛美杉，然后从背后拿出来那张白纸，"为什么没有把他的名字写出来？"

薛美杉被戳穿了心思，万分窘迫，禁不住红了脸。为什么没有把他写下来？她想，就算写下来，又能怎么样呢？他也只能是她生命里的过客，对于她来说，他如星辰日月，而她，却平凡如砂砾。

老者悠悠地问道，"你在害怕什么？"

老者的手心温暖，话语轻柔，容不得薛美杉逃避，但是她说话的声音却有些支吾破碎，"害怕被拒绝，害怕成为笑话，更害怕失去。"

"所以，你被拒绝过？"老者的话虽是问句，但语气却十分肯定。

薛美杉点头，是的，她被拒绝过，还一度成为全年级的笑话。

初一开学没多久，她便朦朦胧胧地喜欢上了一个初三的学长，至于为什么会喜欢，现在去回想，竟一时想不起来了。但是每天如小鹿乱撞的愉悦，她却记得万分清楚。从小到大，她没经历过什么值得愉悦的事情，喜欢那个学长是第一次。

她偷偷暗恋了人家好几个月，却只是默默远观，不敢上前。

终于熬到了下学期开学，有一天放学，天公作美，竟然下起了小雨。那个学长骑着自行车回家，在路上看到她，便好心停下来，问要不要载她一程。

她原本是个内向的女生，当时却不知怎的，忽然间热血上脑，就和那个学长表白了。当时她具体说了什么，其实现在也不记得了。她只记得，学长听完后，立马就骑上自行车，然后慌不择路地跑了。

而这段糗事，不知怎的，很快就传遍了整个学校，而且，被演绎成了无数的版本，为此，她还差一点儿就休学了！

05

傍晚的海滩很静谧，海水很蓝。

夕阳一点点往下沉，几乎快沉到了海里，天空中有粉灰色的云，也飞着一群群海鸟。

老者忽然冲着天空打了一个响指，响指的声音，越升越高，等抵达鸟群的时候，已经变成了枪声。几乎所有的鸟，顷刻飞散，却独独有一只，忽然间失去平衡，急速坠向沙滩，而最后，竟赶巧落在薛美杉的身边。

薛美杉把它拾起来，检查了一遍，又递给老者，"咦，它并没有受伤，为什么会掉下来？"

老者抚了抚海鸟的身子，又把它重新放飞，"它曾经被一只气枪打中过，所以害怕枪声。"

薛美杉笑了笑，"就像小白痴被抛弃过，所以害怕再次被抛弃。"

老者点了点头，又指着沙滩上的一个女人说道，"我在这里坐了很久了，可是她一次都没有下过水。"

薛美杉有些好奇，来海边玩，不就是来游泳的吗？

"她在还是一个婴儿的时候，有一次在浴盆里洗澡，被水呛到了，所以，她一辈子都怕水。"

> 所有的创伤和恐惧都会被存储在潜意识里，就算我们忘记了，但是它依然存在。

老者的手一挥，半空中又出现一副全息影像，影像里，有一个七八个月大的婴儿，一直在妈妈的怀里哭。

"他刚刚从床上摔了下去。"老者说完，妈妈便把小男孩放在了床上，可是，他却再也不敢往床边爬了。

"摔下床很痛，这种痛会快速被身体存储起来。当情景再现的时候，这种被存储起来的痛就会立马跳出来，然后大喊：危险！"

老者刚说完，全息影像上的那个婴儿便在一点点长大，最终长成了一个成年人，虽然他的腿已经比床高出了很多，但是他依旧不敢下床。

"这种认知是身体的一种本能保护机制，大部分情况下，它可以保护我们，但是很多时候，它也会束缚我们。"

薛美杉看着影像上那个不断试探的男人，禁不住笑起来，她觉得他那个谨小慎微的样子，很是可笑。可是笑着笑着，她又觉得苦涩，因为她和那个人，简直是一模一样。

"创伤和痛苦会让我们产生诸如害怕、担心而又无能为力的情绪，我们把这种情绪统称为恐惧。"

"那我们怎样才能克服恐惧呢？"薛美杉有些迫不及待地问道。

老者扭头看了看薛美杉，"把手伸出来，打我。"

薛美杉果真抬手朝老者的手掌拍过去，"啪"，老者的力量也很大，拍的两个人都掌心发麻。

"克服本身就是一种对抗，没有赢家。所以，在这趟旅程中，要记得，我们要做的不是克服什么。"

薛美杉有些脸红，"那是？"

老者手一挥，全息影像上又出现了四个词语，"正视、接受、拥抱、勇敢。"

"那具体要怎么做呢？"

老者笑了笑，"跟着我大声念出来。"

是的，我害怕被拒绝。

是的，被拒绝会很痛。

是的，我知道你很痛。

但是，我选择勇敢！

话音刚落，薛美杉指了指自己，"说的是我吗？"

老者点了点头。

首先要正视你的恐惧，因为无论我们如何逃避漠视，它都已经存在了。

是的，我害怕被拒绝。

我和我的恐惧在一起，我能感受到我的恐惧，我和这种体验同根而生。

是的，被拒绝会很痛。

克服意味着要对外用力，力量越大，恐惧会越大，而正确的做法是接受和穿越。

正视、接受、拥抱、勇敢，适用于大部分来自童年创伤的疗愈。

然后跳出来，用力去拥抱那个身处恐惧中的小孩，尽可能地去同理她。

是的，我知道你很痛。

最后，其实我们每时每刻都有选择，我更改不了过去，但在这一刻，我会做出新的选择。

我的选择是，勇敢！

"体验如何？"

薛美杉按照老者的要求，又大声念诵了几遍。

薛美杉把手放在胸口，然后有些愉悦地回道，"好像能看到一束光，然后这里好像有一种力量在生长，很微小，但是能感觉得到。"

老者满意地点了点头。

薛美杉又拧了拧眉，"放下恐惧就这么简单吗？"

老者笑着反问道，"简单吗？过往的这些练习，有一个是简单的吗？"

旋即，老者又换了一副全息影像，画面中是一台老式挂钟。挂钟是木质的，很有年代感，钟摆在玻璃罩里正来回摆动，并发出轻轻的滴答声。

"过往的创伤会产生限制性信念，我们被这些信念控制，从而产生一些行为模式。要想改变这些行为模式，可不是一件简单的事，就像这个钟摆一样，一会儿摆过来，但是一会儿又会摆过去。"

老者说完，又笑了笑，"我可不认为，你会立即就变成一个勇敢的姑娘。"

薛美杉有些不好意思地低下头，"不过，我可以试试！"

每一个来自童年创伤的疗愈，都会让我们找回属于自己的原本的力量。

对同一个创伤的疗愈，都是一个反复的过程。

06

北京，首都机场。

远远的，三个人就看到了站在出口外面的张欣宇，她们走的时候，张欣宇还只是一脸青紫，有些狼狈，但是此时此刻，却已经完全像个野人了。

薛美杉和彭簌簌去童城的那天，张欣宇也要去。但最终还是被薛美杉拦下了，她担心，张欣宇一去，任嘉莹又要跑。

然后，她们到了童城，就立即给张欣宇发了信息。但是这几天，张欣宇依旧夜不能寐。找到她了，他的心稍微安定了片刻，但是片刻之后又担心，他担心，她不会再回来了！

果然，任嘉莹一看见张欣宇，就又想跑。她想，只要她跑得够快，她和张欣宇的爱情，就会一直是新鲜的，不会有破败，也不会有不堪。

薛美杉和彭簌簌对视了一眼，两个人便一左一右，架着任嘉莹往前走。但是还没走几步，任嘉莹就挣脱开他们，然后不顾一切地奔向张欣宇。

看着任嘉莹的背影，薛美杉却忽然站定，她想，任嘉莹可真棒！是的，我们每时每刻都可以做出选择。而任嘉莹的选择是，勇敢！

> 自我疗愈没有捷径，唯一的选择就是勇敢。

彭簌簌向前走了几步也站定，她斜睨了薛美杉一眼，"前几天，我问黎南行，他喜欢什么样的女人，你知道他怎么回答的吗？"

薛美杉表现得尽可能平静，"我怎么知道？"

"他说，他喜欢有趣的女人。你说，我算不算一个有趣的女人？"

薛美杉果真认真想了想，然后点了点头。

"哇，接触之后，我发现，他真的是一个非常有魅力的男人。"彭簌簌挑动眉眼，直视着薛美杉，"你觉不觉得，我比岑曦更有趣？"

薛美杉扯唇笑了笑，"当然！"

彭簌簌戴上太阳镜，朱唇轻启，粲然一笑，"那我可就下手了啊！"说完，便潇洒利落地拉起行李箱向前走去。

薛美杉想跟上去，却是怎么也挪动不了步子，她站在川流不息的人流里，把自己站成了那台挂钟，她甚至能听到自己身体里滴滴答答的声响。

可是，她到底该怎么样，才能成为一个有趣的女人，才会成为一个黎南行喜欢的女人呢？

扩展阅读

一、关于恐惧的定义

1.恐惧，是一种人类及生物心理活动状态，通常称为情绪的一种。从心理学的角度来讲，恐惧是一种有机体企图摆脱、逃避某种情景而又无能为力的情绪体验。其本质表现是生物体生理组织剧烈收缩（正常情况下是收缩伸展成对交替运行），组织密度急剧增大，能量急剧释放。

2.心理治疗师诺伯托·利维博士曾如此定义这种感觉："感受到威胁时，如果觉得自己没有能力或没有资源解决，便会产生忧虑、苦恼和萎缩的感觉。"

二、恐惧是生命赋予我们的礼物

1.大部分的恐惧来源于童年，来源于对力量悬殊的感知和认知。

2.恐惧是潜意识的一种自我保护机制，它的出发点是保护我们免受伤害，但同时也会束缚我们的生命进行更大程度的伸展。恐惧就像是捆绑我们身体和灵魂的橡皮筋，它习惯于把我们拽回到安全范围，如果我们不尝试穿越恐惧，我们的生命将会受限。

3.所有的恐惧背后都隐藏着来自于过往的创伤，当我们敢于直面恐惧时，我们才会直面自己、认知自己，并拥有疗愈自我的机会。

4.只有揭开恐惧的面纱，我们才能发现来自于生命的丰盛体验，所以，恐惧是生命赋予我们的最独特的礼物。

补充资料：

一般人有一个错误观念："恐惧是负面的，应该要避免或克服它。"至少这么多年来，我一直是这么想的。随着岁月增长，我开始了这一趟面对内在恐惧的深度学习之旅。这本书就是在描述这一旅程，学习以爱与慈悲去疗愈自己恐惧的历程。

书中的题材来自于我自己的内在经历，也有我和我的伴侣阿曼娜在世界各地从事工作坊的故事。我们发现，我们总是在生活中退缩，无法过充实而有意义生活的原因，多半是我们仍有尚未探触和整合的内在恐惧。我们越能接受自己的恐惧并穿越它，就越觉得日子过得充实而值得。而且就更深的层次而言，去面对并拥抱我们的恐惧是一条通往幸福的道路，让我们与存在深入地联结，同时能够揭开自己脆弱的伤疤。

摘自：《拥抱你内在的小孩》[美] 克里希那南达·阿曼娜

三、看清恐惧的"自我滋养"陷阱

恐惧的循环过程分为四个阶段（见图5、6、7、8）：

第一阶段：过度想象。

为了保护自己免受伤害，潜意识在对曾遭受的恐惧事件进行编译的时候，会对事件本身进行夸大想象

图5 过度想象

第二阶段：恐惧开始反馈。

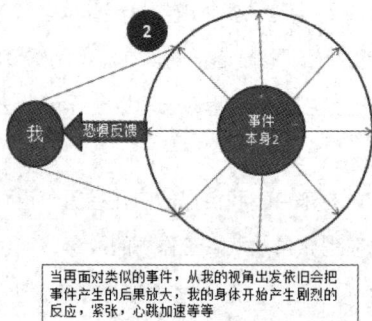

当再面对类似的事件，从我的视角出发依旧会把事件产生的后果放大，我的身体开始产生剧烈的反应，紧张，心跳加速等等

图6 恐惧反馈

第三阶段：恐惧不是让你动弹不得，就是让你加速失败。

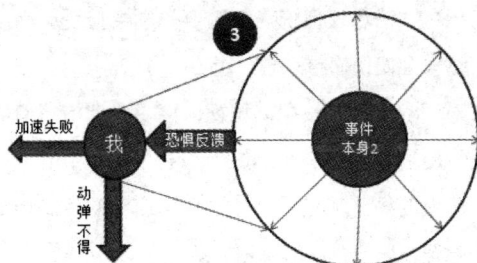

面对恐惧产生的剧烈反应，身体开始被控制，会出现动弹不得或加速失败的状况

图7　面对恐惧的身体反应

第四阶段：记忆强化，自动化反应。

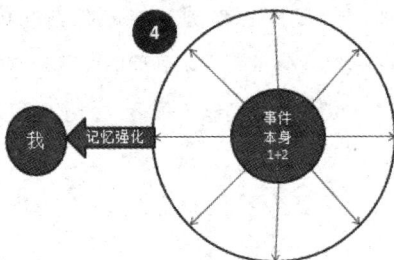

恐惧事件产生的痛叠加，验证了恐惧事件的可怕性，加深记忆，在遇到类似事件，会产生动弹不得和加速失败的自动化反应

图8　身体自动化反应

四、跳出恐惧的"自我滋养"陷阱

1.从上图可以看出来，如果不主动跳出恐惧的"自我滋养"陷阱，那么我们将一直在这种恐惧里进行自我循环，将永远被这种恐惧所控制，生命就无法获得伸展和自由。

2.跳出任何循环陷阱的第一步永远是，学会喊"STOP"。在自我疗愈的过程中，要学会时刻从事件和自我感受中跳出来，做一个旁观者，做一个诚实的旁观者，这样更有助于我们认清真相。

3.记住，治愈任何伤痛都需要先学会接受，而不是对抗，对抗只会使伤痛越来越严重。

4.对同一事件，按照"正视、接受、拥抱、勇敢"的步骤进行反复的练习。

5.所有的痛苦都是礼物，学会和痛苦的体验相处，才能看清隐藏在痛苦背后的真相。

五、练习

1.记录下来，在你过往的人生中，哪些事情让你产生过深深的恐惧和害怕的情绪，详细地记录下来。

2.准备好一个充了气的气球，将它放在你的面前，然后邀请那个最让你恐惧的事件来到你的面前，与你的恐惧在一起，不要阻挡它。当情绪平复下来，拿起气球，轻轻解开绳子，听到气球里的气体从气球里面跑出来并慢慢消失的声音，体验恐惧已经随它而去，直到把它送走，然后慢慢睁开眼睛。（可以反复练习。）

3.再准备一个气球，闭上眼睛，邀请光的到来。感受被光拥抱的感觉，感受光还带来了丰富的温暖、爱和一切你想要的事物，它们就装在你面前的气球里，这些光和爱已经将气球填满。你与这一切在一起。

4.假设你拥有了什么样的特质，在过往的恐惧发生的时候，你将不再害怕，闭上眼睛，感受这些特质一直都在，你已经具备了这些特质，并将带着他们开始新的人生。

5.记录下生活中发生过的让你产生害怕或恐惧情绪的事件，你迎接他们的态度是什么？结果是什么？

CHAPTER 06

我真的"值得"
被人无条件爱吗?

记住这世上没有完美的人，你已足够完整

导　语

_亲密关系是最好的投射，你越是抗拒和不喜欢对方的某些
特质，越是证明你的身上也有这部分特质。

_你的不喜欢和抗拒会指引你直面自己的创伤，进而才有自
我疗愈的机会。

_你身上你喜欢的和不喜欢的特质，加在一起，才是完整的
你，当我们接纳完整的自己时，才能重新拿回属于我们的
力量。

_人的一生就是不断进行自我疗愈的过程，也是从自在到
不自在又重回自在的过程，只有完全接纳自己，才能得
到自在。

01

　　DeeLEE 是一家设计师品牌店，这里的衣服偏简洁、重设计，很适合职业女性。薛美杉大部分的衣服都是从这里买的，她是这里的 VIP。

　　但这一次，她这个 VIP 却被冷落了，因为三四个店员都冲了出去，正在围着一个女孩要签名。她猜，那个女孩应该是一个明星。

　　薛美杉坐在一张蓝绿色的丝绒沙发上，通过大玻璃窗，也探头探脑，往外看热闹。

　　女孩很高，简单地束着一个大马尾，戴着茶色的太阳镜，肌肤胜雪，面若桃花。隐约可见，她身上穿的是一件淡粉色的碎花连衣裙。真美，美的像整个春天。

　　果然，有些人天生就是会发光的，爱会让女人发光，而漂亮与青春也会！

　　有一个多月没来 NAP.L，薛美杉忽然觉得一切都很陌生，停车场、电梯及电梯里的人，还有黎南行。

　　薛美杉一边往黎南行的办公室走，一边想，其实这样也挺好的，兜兜转转，他们终于恢复了原本该有的关系，他是她的客户、财神爷，也仅仅如此。

　　烟花总有落幕的时候，她对他的情愫也是。情不知所起，还来不及情深，但最终还是随烟花一起寂落了。

　　她说过，她要选择勇敢，她想，她依旧会选择勇敢。但是，她对黎南行，却只能高山仰止了，并且到此为止！

"黎总。"薛美杉步态优雅地朝着黎南行的办公桌走去。黎南行也站起来，伸出手，像极了他们第一次见面时的样子，陌生、礼貌，又公事公办。

黎南行平日里是不怎么穿深色衣服的，今日却穿了一身黑，黑色的西裤、黑色的衬衫。不知是衣服颜色的关系，还是他有些瘦了，总之，他整个人看起来更加挺拔了。身姿挺拔的黎南行，通身上下都发着光，和岑曦一样。

通过对照之后产生的认知偏差，即我不够好，我配不上，我不值得爱。

三十分钟的时间，薛美杉详详细细地又把达人计划讲解了一遍。她一边讲，一边察言观色，黎南行没有不耐烦，也没有拧眉，更没有打断。她想，他会不会是回心转意了？

可是，等她全部讲完，他却冷冷地来了一句，"这些，和秦总昨天讲的，有什么不同吗？"话里话外竟是满满的嘲讽。

对于别人的嘲讽，薛美杉向来是不在意的，独独黎南行的，她受不了。她觉得，在他面前，她越发像一个摇尾乞怜的小狗了。

自卑心理会产生的一些情绪体验，诸如害羞、不安、内疚、忧郁、失望等。

还好，她今日是化了妆来的，就连口红，也选了从未用过的大红色。她想如果没有这一脸的霜粉，她怕是连基本的体面都无法维持了。

虽然内里已经惊涛骇浪，但薛美杉依旧面色无波地问道，"那黎总可以告诉我们，您的顾虑是什么吗？"

黎南行抬头，在薛美杉的脸上逡巡了一番，不得不说，今天的她是极美的，但是这种美，却像是一把刀，泛着冷艳的光。这把刀，割着他，也割断了他和她之间的所有链接。之前，她不管是生气也好，错乱也罢，甚至是强颜欢笑，他总是能感知到的。现在，他却觉得，她离他好似有上亿光年。

黎南行下意识地扯了一下领带。她问他，他的顾虑是什么？他果真是有顾虑的，他怕她会离他越来越远，其实，这也不是他的顾虑，而是她已经在这么做了。

在过去的一个月里，她不但把NAP.L的项目全权交给了秦晓天，还又招了人，找了新的客户。据说那是一个设计师服装品牌，牌子不大，给的费用自然也不会高，可是她依然一头扎了进去。

他想，她应该是在做脱离NAP.L的准备了。

她消失的这一个月，他一直都在反思自己的行为。他自认为自己把对她的情愫隐藏得很好，并没有让她察觉。唯一的一次放纵，就是那次在小会议室里，他见她哭得厉害，抱了她一下。

会不会是她觉得被冒犯了，所以才躲着他？还是，秦晓天防着他，不想让她再来NAP.L了？

他也知道，君子该成人之美，可是，他不想做君子。

黎南行敛了敛心神，才开口道，"这个计划是不错，但是NAP.L不想做试验品。"

薛美杉点了点头，她猜得没错，"如果黎总担心的话，我们可以签个对赌协议。"说完，薛美杉仪态从容地从文件夹里拿出一份协议递给黎南行。

黎南行拿过协议，扯唇笑了笑。这是第四季度的公关执行方案，如果他批了，那么在十一月份之前，除非有大事发生，她基本是不用来 NAP.L 了，所以，为了摆脱他，她竟连这个也准备好了！

黎南行又看了一眼协议，心里凄凉得无以复加，"几倍，你们能承受得起？"

几倍？薛美杉果真认真想了想。她想，为了逃离他，她可以不计代价，"看黎总的意思了。"

黎南行在生意场上一直是杀伐果断的，但是，对她，他向来是不舍的。可是今日却不知怎的，他不想仁慈。他对 FAVOUR 的资产情况了如指掌，两倍，他们是没问题的，三倍就已经是底线了。

黎南行直视着薛美杉的眼睛，"五倍！"

他期待她能给自己留一些回转的余地，但是没有。

她朱唇轻启，竟清清脆脆地回了一个，"好！"

坐进车里，系好安全带，隔着车窗，薛美杉忍不住又往 28 楼看了看。

那一日，在 DeeLEE，她遇到的那个美得像桃花一样的女孩，是岑曦。岑曦说，"我听南行说，你们在合作？"亲昵又娇憨。

在此之前，她从未觉得南行这两个字好听，可是被岑曦说出来，她却觉得美妙极了。当岑曦说南行这两个字的时候，是带着气味的，是那种香甜的娇娇软软的气味，香酥入骨。她想，黎南行应该会喜欢，喜欢得要命。

可是，她这辈子却只能叫他黎总了，她甚至连叫他黎南行的机会都没有，所以，再见了，黎南行。

> 自卑其实就是面对我不值得爱这一信念的深层恐惧，继而产生的行为便是逃离。

02

这一日，从DeeLEE办公室回来，薛美杉没有上楼，而是又去了LONG。她一边喝咖啡，一边翻看着手里的合同，就觉得人生真的是很奇妙。在DeeLEE，她遇到岑曦，落荒而逃，但没过几天，DeeLEE却成了她的潜在客户。

DeeLEE是一个独立设计师品牌，短短三年，就在北上广开了十几家店。但是相对于其他的时装品牌来说，知名度并不高，最近，他们想做品牌推广，便到处找公关公司。而偏巧，她也正在找客户。严木兰两边都认识，便牵线搭桥，把DeeLEE的老板乔雨露推给了她。

乔雨露人长得漂亮，也有才华，能力更是非凡，唯一的美中不足，便是吹毛求疵。对恋人，对客户，甚至是对自己，她都是如此。

所以，在过去的这一多月，薛美杉的日子并不好过。她大部分的时间都是泡在DeeLEE，她要一遍遍地忍受着乔雨露的挑剔，然后又一遍遍地修改方案，差不多熬到整个人都快蜕了一层皮，才终于把这个合同签下来。

这个项目的利润并不高，日后要在上面花费的时间成本也不会低。但此时此刻，薛美杉的心里仍荡漾着小小的欣喜，这样的欣喜就像是暗夜里的一束烛火，虽微弱，但是却让人看到了希望。

那日，在DeeLEE见到岑曦之后，薛美杉便快速做了一个决定，她要尽快从黎南行身边逃开，因为再晚的话，怕就来不及了。

她觉得黎南行仿佛是一个黑洞般的存在，就算他什么

挑剔及吹毛求疵都是对外在事物等抗拒及不喜欢的体现，从行为上来看，是担心自己被这些行为特质沾染，但是深层次的原因是担心曾经的创伤被唤醒，担心再次遭遇那种心碎、活不了了的痛苦体验。

都不做，就算他只是寂寂地存在于宇宙之中，可是，她的心还是会不受控的向他那边自由落体。

就算是没有岑曦，他也是她无法触及的疆域，何况，他还有了岑曦。那么光芒四射的一个女人，好似是特意为他定制的一般。

她想，如果她再不逃，那么下场无非就是越来越密集的痛苦，和越来越无法收拾的难堪。

她逃了，逃得飞快，可是FAVOUR一时半会还逃不开。

不过，她想，也快了，只要明天给J&J的提案能过了终审，那么摆脱对NAP.L的依赖就指日可待了！

03

这一晚，薛美杉想早点睡，因为明天要去J&J提案，但是刚睡下没一会儿，便听到客厅有音乐声，她立马爬起来去查看，电视竟不知何时开了，播放的竟是岑曦走秀的画面。

她从回家到现在，连遥控器都没摸过，好奇怪。

薛美杉关了电视又回房，结果刚上了床，电视就又开了，再出来，便见老者已经坐在了沙发上。

"你开电视干什么？"

老者耸了耸肩，"明明是你自己开的啊。"

薛美杉拧了拧眉，有些困惑不解，但关了电视再回到床上，却怎么也睡不着了。

"看吧，遥控器一直都在你自己的手里。"不知何时，老者又坐在了阳台的小沙发上。

薛美杉坐起来，抬手揉了揉太阳穴，是的，这段时日以来，岑曦就一直住在她的头脑里，她怎么赶，都赶不走。

岑曦就像是一束光，而她只是漂浮在光束里的微尘。

正这样想着，忽然就真的有一束光打在薛美杉的脸上，她下意识地赶紧遮住了眼睛。

"说好的勇敢呢？"声音是老者的，但是却忽然之间变得冷冽无情起来。

"可是我又能怎么样呢？"薛美杉依旧用手遮住眼睛，声音却开始发颤，"他已经有女朋友了，我做不出违背道德的事情。"

"可真是一个喜欢给自己找借口的姑娘啊。"老者的声音已经不只是冷嘲了，还有热讽。

薛美杉放下手，光线已经没有刚才那么刺眼了，可是依旧有一束追光灯照着她，而四周则是黑漆漆一片。再低头一看，她竟然坐到了一个舞台的中央。薛美杉又惊又怕，赶紧站起来，想往台下跑，可是刚抬脚，就听到老者又喊道，"逃跑，是的，你最擅长的就是逃跑了，懦夫，胆小鬼！"

"不是！"薛美杉像是被激怒了，她忽然大声反击道。她不是懦夫，她最看不起懦夫了。她之所以不能完全接受蓝庭轩，就是因为，她总觉得蓝庭轩有些软弱，她不喜欢软弱的男人！

老者撇了撇嘴，"你不仅是个胆小鬼，还是一个自以为是的撒谎者！"

薛美杉开始嘶吼起来，"不是！"她向来理智客观，她才不是一个胆小鬼！

> 亲密关系是最好的相互投射，你越是无法接受对方的某部分，越是说明你也有这方面的特质。

老者的脸上不再有柔和的光，竟浮现出如恶魔般的狂笑，"不是吗？你是不是以为大家都爱你？"

薛美杉不顾一切向舞台下冲去，不行，她一定要逃走，她一定要从这个噩梦里逃走。可是刚跑了没几步，她就硬生生撞到了一块钢化玻璃墙上，再跑，依旧如此。

她被困住了，困在了这个舞台上，她无处可逃！

"蓝庭轩已经爱上了别人。"

"乔潜呢，他只是想骗你的钱，哈哈。"

"陆涵，对了，你不是一直都看不上陆涵吗？可是就连他也不要你了啊。"

"黎南行，你配得上他吗？"

"你的父母，呵呵，他们好像也更爱你妹妹吧。"

这些声音反反复复，像海浪一样朝薛美杉袭来，她觉得她快要崩溃了，她只能不停地跑，可是无论怎么努力，她都逃不出这个舞台。

老者的声音像是被放大了无数倍，越来越大，"薛美杉，你就是一个没人疼没人爱的可怜虫、胆小鬼！"

"不是！"薛美杉死命地捂住耳朵，但是老者的声音却并没有消散，好像这些声音原本就长在她的耳朵里。

孩童是极其脆弱的，所以父母的很多行为都会让他们感受到痛不欲生，接近崩溃的边缘，所以他们才会把这部分的创伤锁进潜意识的"储藏室"。当这些创伤被唤醒的时候，也就是最接近认知自我的时候。

04

午夜时分，FAVOUR 的人都走了，只有薛美杉一个人窝在办公室的小沙发上。

"很愤怒？"温和的声音响起。

薛美杉被吓了一跳，赶紧坐起来，就见老者不知何时又坐在了对面的沙发上。今日的老者，与昨晚不一样，又变成了笑意盈盈的样子。

薛美杉叹了一口气，重重地答道，"是的。"

今天上午，他们去J&J提案，终审没过，原本，他们以为是自己的问题，可打探一番才知道，J&J根本就没想过要签供应商，他们只是想骗创意而已。

"真是个伪善的家伙。"想起J&J那个负责市场的副总裁，薛美杉依旧愤恨不已。

他们每次去提案，那个副总裁都是笑脸相迎，差不多把FAVOUR夸上了天，可谁知却是藏着这么龌龊的目的。

老者笑了笑，"你特别讨厌虚伪的人？"

薛美杉想也没想就答道，"是的。"但是答完，又忽然警觉到什么，然后立马抬头看了看老者。

果然，老者的笑容意味深长。

薛美杉赶忙把身子坐直，"你又想骂我虚伪吗？"

老者这次没有骂，而是温和地笑了一下，"你的醒觉蛮快的啊。"

薛美杉忽然愣住了，是的，她不喜欢虚伪的人，极其痛恨。可是她自己呢？她心里明明就是喜欢黎南行的，却总是装出一副拒人千里之外的姿态，这样的她，难道就不虚伪吗？

薛美杉求知若渴，身子禁不住向老者靠了靠，"为什么？"

"怎么，不害怕我了？"老者眉眼弯弯打笑着。

薛美杉又追问道，"为什么我不喜欢的这些特质，我都有？这简直太可怕了！"懦弱、虚伪、自以为是，这些她极力否认和排斥的特质，其实她都有，而她最怕别人嘲笑她，也最怕别人说她是可怜虫。

从昨晚到现在，她被这些字眼折磨得简直痛不欲生。

老者笑了笑，然后手一挥，一副全息影像便飘浮在半空中，是一棵布满了伤痕的树，"其实，我们就是这样的一棵树。"

"你的意思是说，我们每个人都要遭遇这些创伤，是吗？"

老者点了点头，然后又把全息影像一点点拉大，树上的每一道伤痕都清晰可见，"不得不说，这些伤痕看起来非常丑陋。"

薛美杉拧着眉，试探着问道，"所以，懦弱、自以为是、虚伪，这些都是受伤后留下的伤痕，对吗？"

"是的。"老者笑了笑又问道，"可以把你的手灯打开吗？"

薛美杉虽然不明所以，但依言行事。

老者拿过手灯，又对着薛美杉道，"影子游戏，玩过吗？"

薛美杉点了点头，然后便对着手灯做出各种手势，每一个手势打在墙上，都会呈现出不同的形状。

"现在把手收起来。"老者笑着道。

薛美杉收起手，有些似懂非懂地看着雪白而光滑的墙壁。

老者也一道看着，然后语重心长地说道，"因为有伤痕，所以才能看到这些伤痕的影子。"

薛美杉再一次确认道，"所以，我不喜欢的特质自己身上都有？"

老者点了点头，然后又拉出来一副全息影像，"知道这是什么吗？"

薛美杉再三辨认，还是不认得，"是海里的动物吗？"

"这是出没在科隆群岛的海鬣蜥。"老者笑了笑，又道，"我们只认得我们曾经遭受过的。"

薛美杉忽然想起了自己在上海受伤的事，"我们是因为这些伤痕丑陋，才想尽办法要藏起来，是吗？但就算我们再怎么隐藏，它都还是存在的，而且，我们会从别人身上一眼就认出它。我们不喜欢这些伤痕，所以才会不喜欢别人身上的相同的伤痕，是这个意思吗？"

薛美杉点了点头，赞许道，"完全正确。"

老者说完，手一挥，半空中又浮现出一轮月亮，月亮的一面有光，另一面却坑洼不平，"不论是我们喜欢的特质，还是不喜欢的特质，其实都是我们的一部分，就像这轮月亮一样。而只有当我们学会了接纳自己的全部，才能重新找回自己的力量。"

老者看了看薛美杉，又意味深长地一笑，"一个人越不接纳她不喜欢的特质，便越会排斥，内心自卑，不管她对外表现得如何自信强势。"

薛美杉听老者这么一说，脸不禁红了起来，但是马上又问道，"怎么样才能接纳自己不喜欢的特质呢？"

老者笑了笑，"有些伤痕被我们隐藏得很好，很隐蔽，所以第一步便是看见自己的不喜欢。"

薛美杉有些忐忑地问道，"就像昨晚那样吗？"昨晚的体验太可怕了，她现在想想都觉得自己浑身冒冷汗。

老者站起来说，"直面这些伤痕是很痛苦的，你很勇敢。"

"那看见之后呢？"薛美杉又禁不住问道。

> 在亲密关系中，当我们觉得伴侣身上的某些特质我们无法接受时，那恰恰说明，我们也有，这就给了我们一次直面创伤的机会，只有看到创伤，才能进行自我疗愈。

老者坐下后，拿出两张卡片，"第一步是看见练习，第二步是伸展练习。"老者一边说，一边把练习方法写在了卡片上。

薛美杉接过第一张卡片，"就是把自己不喜欢的特质都写在纸上，这么简单？"

"去找一个拍档，把自己对自己的不喜欢写在纸上，然后交换卡片，让对方像我那样打击你，直到你能看到自己身上的那部分特质，然后停下来，交换身份。至于注意事项，我都写在卡片上了。"

薛美杉把卡片翻转过来，后面果然写着详细的练习方法和注意事项。

"其实，这个练习，你昨天已经做过了，现在只不过是再温习一下。"

薛美杉点了点头。

老者又问，"那你想好了，找谁做拍档吗？"

薛美杉拧眉思考了一会儿，"乔雨露。"

"为什么？"

"你不是说要找一个特别挑剔的朋友吗？哇，她简直是一个能从鸡蛋里挑出骨头的人。"

薛美杉说完，老者又递给了她一张卡片，上面是伸展练习的方法，"做完了伸展练习，我再来找你。"

话音刚落，老者又消失了。

05

所谓的伸展练习就是挑战一个自己从来不敢挑战的造

型，然后到公众场合去待几个小时。

今天上午，薛美杉和乔雨露，一个人扮成了浓妆艳抹的性感女郎，一个人扮成了衣衫褴褛的可怜乞丐，然后一起在一个年轻人聚集的大型广场待了半天。

晚上，老者果真如约而至。

薛美杉冲了两杯咖啡，递给老者一杯，老者接过去，笑了笑，"感觉如何？"

似乎是因为兴奋，薛美杉的脸上竟浮着红潮，"最初是紧张，你不知道，我们两个人手心都出了好多汗。我们在地下通道里给彼此打气，然后咬着牙上了台阶，然后，哇，就感觉所有人的目光都朝我们聚焦过来。我猜，他们会想，这两个人怕是精神病吧？"薛美杉说完，竟然大笑起来。

薛美杉小啜了一口咖啡又继续道，"可是随即就有一种兴奋，有一种热血沸腾的感觉。然后我们又站了一会儿，这种感觉就消失了，就觉得，其实也没什么。后来，还是有很多人从我们身边走来走去，但是并没有多少人再看我们了，我们还蹲下来，玩了一会儿手机，然后就坐着地铁回来了。"

"地铁上的人也不少，还会紧张吗？"

薛美杉摇了摇头，"偶尔会有不好意思，但是完全不会觉得紧张了。"

"所以，其实也并没有什么大不了的，对吗？"

"是的，因为我发现，其实并没有多少人在意你。"

"是的，其实并没有多少人在意你，而且他们很快就把你忘了。"老者也喝了一口咖啡，又意味深长地道，"其实这就是事情的真相。"

"什么真相？"

"真相就是，是我们对别人的目光有需求，而不是相反。我害怕别人看到我的胆小，所以我掩盖我的胆小，继而自我麻醉，我不是一个胆小的人，但是当我在别人的身上看到了胆小的特质，立即就会产生反应：我不喜欢胆小的人。其实是我不喜欢自己的胆小，这就是一种典型的投射原理。"

薛美杉拧了拧眉，有些似懂非懂。

"假如回到最初，从最开始我就不用害怕别人看到我的胆小呢？那么我会坦然接受我的胆小。"

老者刚说完，薛美杉就立刻跟了一句，"是的，我是个胆小鬼，但是我可以选择勇敢，是这样的吗？"

老者听完竟大笑起来，"是的，你竟然可以举一反三了。"

薛美杉有些不好意思地笑了笑。

"这个世界上没有完全相同的两片叶子，也没有完全相同的两个人，每一个人都是独一无二的。"老者站起来，抱了抱薛美杉，又道，"只有完全接纳自己，我们才会更自在，自在的你，才是真正的你。"

说完，老者摆了摆衣袖，又消失了。

薛美杉独自坐在黑暗里，禁不住哼起了张国荣的那首《我》。

> 快乐是 快乐的方式不只一种
> 最荣幸是 谁都是造物者的光荣
> 不用闪躲 为我喜欢的生活而活

自我接纳的关键一步是关掉光源，即来自外界的眼光和评判。我们之所以抗拒唤醒曾经的记忆，除了担心痛苦再次降临，也有一部分原因是担心别人的眼光和评判。

人的一生就是一个自我疗愈的过程，也是由自在到不自在又重回自在的过程。

不用粉墨 就站在光明的角落

我就是我 是颜色不一样的烟火
天空海阔 要做最坚强的泡沫
我喜欢我 让蔷薇开出一种结果
孤独的沙漠里 一样盛放的赤裸裸

06

这一日，薛美杉又来到了 DeeLEE。

她依旧是坐在那张蓝绿色的沙发上，硕大的玻璃窗明亮如新。她在大玻璃窗上好似又看到了岑曦的影子，岑曦对着她笑，她便也对着岑曦笑。

她想，她成为不了岑曦，岑曦是一只高傲的长颈鹿，既然如此，那么她就安然做一只灵巧的山羊好了。

正这样想着，乔雨露却抱了一堆衣服过来，"去去去，赶紧把你身上这套换了，年纪轻轻的，除了白就是黑，我看着都烦。"乔雨露一脸嫌弃道。

薛美杉拎起几件衣服看了看，不是颜色太艳，就是款式过于暴露，她觉得，都有点穿不出去。可是她一扭捏，乔雨露就拿她的伸展练习说事儿。

薛美杉无奈，只得顺着乔雨露的意，把她挑的那堆衣服一件又一件地往自己身上披挂。试到最后，才终于试到一件两个人都接受的衣服。这是一条一字肩的裙子，墨绿色，上身是重磅真丝，贴身又柔软，下身不知用了什么挺括的料子，蓬蓬着，把薛美杉两条细白的小腿露出来，煞是好看。

乔雨露对着镜子，把薛美杉的头发挽起来，又去挑了一条金色带流苏的项链给她戴上。这条链子好似有点睛之功效，薛美杉一戴上，整张脸都被衬得熠熠生辉，好像换了一个人。

"酒红色、深紫、墨绿，这种有质感的颜色都很适合你，以后别总是穿得老气横秋的，简直是给我丢人。"乔雨露看着自己的作品，越看越满意。

薛美杉笑了笑，"我怎么丢你的人了？我又不是你的形象代言人。"

"DeeLEE的形象全部掌握在你手里，怎么不是？"乔雨露说完又看了看镜子里的薛美杉，"对，就这样，以后也多笑笑，你笑起来很好看。"

薛美杉也看了看镜子，果真如此。她想老者说得对，只有接纳了自己，才活得自在，而自在，便是女人最好的妆容。

扩展阅读

一、心理学中常说的投射是什么意思

投射一词在心理学上是指个人将自己的思想、态度、愿望、情绪、性格等个性特征，不自觉地反应于外界事物或者他人的一种心理作用，也就是个人的人格结构对感知、组织以及解释环境的方式发生影响的过程。该术语由弗兰克(L.K.Frank)于1939年首先明确提出，但是在此之前，已经产生了利用投射技术原理编制的投射测验，如1921年的

罗夏墨迹测验。此后在心理学上得到广泛的应用。

补充资料：

心理学家希芬鲍尔曾经做过这样一个实验：他把被试者分为两组，一组给他们看开心的喜剧，一组让他们看恐怖的电影。然后，再给这两组人看相同的一组照片，让他们判断照片上的人的面部表情。结果，那些看过开心电影的人觉得照片上的人是开心的表情，而看过恐怖电影的人则觉得照片上的人是紧张害怕的表情。

二、"投射"四法则

法则一： 从外在看内在，从别人看自己。

如果觉得你的恋人对你失去了热情，可能是你对他的激情不再。正如一位婚姻专家所说：

"如果我们的婚姻变得乏味，可能是因为我觉得乏味，或更糟的是我这个人很乏味。"

法则二： 你是什么样的人，就会认为别人也是什么样。

如果你是一个很暴躁的人，可能会认为别人常常会惹怒你，很多时候，其实并不是那个人有多讨厌，而是你容易看到很多让人愤怒的引爆点。这个时候，自我关照显得尤其重要。

法则三： 你内在是什么，就会被什么样的人吸引。

很多时候，和我们相处得好的人，反映了我们喜欢并且接纳自己的那些内在面向。而那些和我们相处得不好的人，往往也反映了我们内在不接受的一部分自我。

法则四： 你想管控别人，自己就会被管控。

如果你试图去绑住别人，别人也会绑住你。因为力的作用是相互的，当你控制别人的时候，如果他不按照你说的去做，你会怎样？你也许会愤怒，会不满。那么，某种程度上，你的喜怒哀乐也被你想控制的人控制住了。

三、自我接纳和投射的关系

1.所有对外在事物的投射/反射都源于童年的经验及创伤（见图9）。

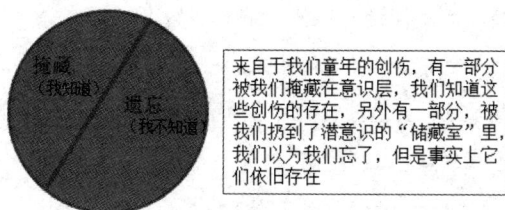

来自于我们童年的创伤，有一部分被我们掩藏在意识层，我们知道这些创伤的存在，另外一部分，被我们扔到了潜意识的"储藏室"里，我们以为我们忘了，但是事实上它们依旧存在

图9 对于童年创伤的处理方式

2.自卑是一种通过和外界对照而产生的认知误差。

自卑会让我们觉得自己不够好、不值得被爱，其实是孩童的两大需求即归属感及价值感未被满足而形成的行为模式的循环呈现。自卑也是我们不完全接纳自我的一种体现。

自卑有时也会产生反向作用力，即通过后天努力，在某些方面表现得异常卓越（见图10）。

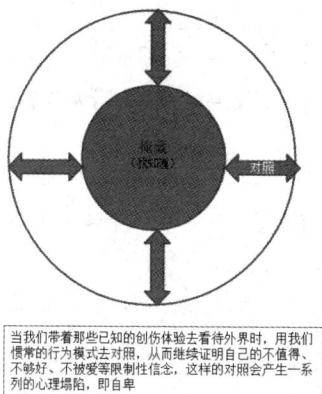

当我们带着那些已知的创伤体验去看待外界时，用我们惯常的行为模式去对照，从而继续证明自己的不值得、不够好、不被爱等限制性信念，这样的对照会产生一系列的心理塌陷，即自卑

图10 自卑产生认知误差

3.投射是源于潜意识里最深层次的恐惧与不接纳。

那些让我们觉得痛苦得要死了的创伤会被锁进潜意识的"储藏室"。

不管我们是否记得，未被治愈的创伤会一直存在。

我们的潜意识只认得我们曾经遭受过或者体验过的，所以我们会轻易从别人的身上看到一些我们抗拒或者不喜欢的特质，我们不喜欢是因为我们也有。

我们的抗拒和不喜欢是开启自我认知的一把钥匙，通过投射反应，我们才有机会直面童年的创伤，并对此进行疗愈（见图11）。

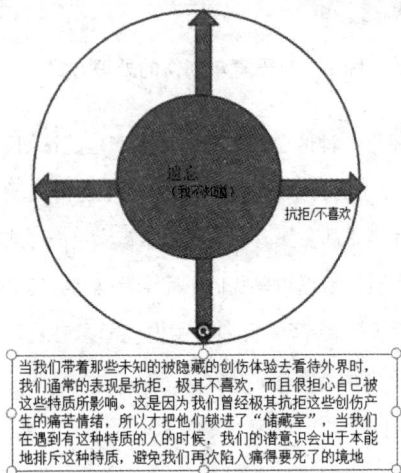

当我们带着那些未知的被隐藏的创伤体验去看待外界时，我们通常的表现是抗拒，极其不喜欢，而且很担心自己被这些特质所影响。这是因为我们曾经极其抗拒这些创伤产生的痛苦情绪，所以才把他们锁进了"储藏室"，当我们在遇到有这种特质的人的时候，我们的潜意识会出于本能地排斥这种特质，避免我们再次陷入痛得要死了的境地

图 11　看到潜意识里的恐惧与不接纳

4.我喜欢的特质和不喜欢的特质组成完整的我。

我对自己不满意的部分，加上我自我欣赏的部分，组成了完整的我。

这个世界上没有完美的人，只有完整的人。

接纳自己的不喜欢，会让你重新拿回属于你的力量（见图12）。

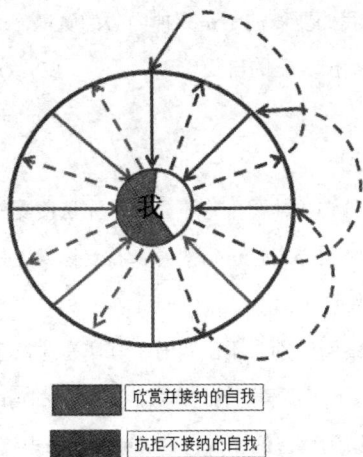

图 12　　"好"的我与"不好"的我组成完整的我

四、推荐阅读

1.《接纳不完美的自己》黛比·福特（美）/ 著

黛比·福特，全美第一名的畅销书作家。她在28岁以前过着放纵的生活，可能会因此浪费掉自己年轻的生命，然而，某一天她醒来时，突然产生改过自新的冲动，发现"只有自己能够拯救自己"。她著有《阴影，也是一种力量》《离婚的心灵法则》等书籍，其中《接纳并不完美的自己》是美国图书排行第一名的畅销书。

2.《感谢自己的不完美》（武志红 / 著）

我们一直以为一些负面情绪，如坏习惯、痛苦、悲伤、愤怒、恐惧等是不好的，甚至认为这些是不完美的，阻碍了我们成长，我们会努力去避免和克服它们。作者从新的角度、用心理学的知识告诉我们，这些坏情绪，对我们有极大正面意义。这些情绪是伴随我们一生的，而且这些情绪并不是敌人，而是朋友，我们应该接纳它们，并要感谢它们让我们越来越坚强，体验生命的无限精彩。真实胜过完美，我们要做的不是灭掉内心的魔鬼，而是去认识并拥抱它，活出真正的自我！

五、练习

1.在10分钟内，写下你不喜欢、无法接受的别人的特质，将这些特质与自己进行对照，看看你身上是否具备这些特质，举例说明。

2.当觉察到对别人不满意时（其实是对自己不满意的投射），记录下来不满意的地方和自己当时的情绪。

3.当觉察到自己的意识在过去或者未来里流动的时候，先停留在当时的意识里，然后慢慢地与过去和未来告别，回到当下，并与当下的一切同步而行。

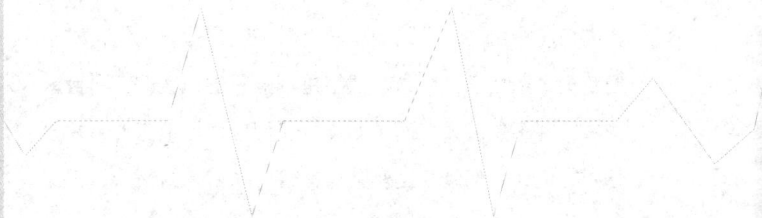

CHAPTER 07

性吸引力与爱的关系

学会爱自己，
首先学会爱自己的身体

导 语

_所有的爱、关系、体验都是依靠身体去体现的，当你意识
到这一点，请先开始爱你的身体，这样爱便会源源不断地
回到你的身上。其实这些爱从未消失过，只是它会让你再
一次看到并感知到。

_性是所有亲密关系中无法回避的一个主题，而且是非常重
要的一个主题，所以，在亲密关系中提升性吸引力非常重要。

_在这个世界上，我们总是向外去找到那个最爱我们的人，
可是我们最应该爱的，是我们自己。只有懂得如何去爱自
己的身体，爱自己的心灵，爱自己的境遇，爱自己的一切，
美好才会为你发生！

_能代替父母爱你的从来都不是别人，而是你自己，当你能
看到你内在的那个小孩，学会拥抱它、亲吻它、赞美它，
当你这样做的时候，就能感受到自己的天生俱足。

01

　　这一天是周末，薛美杉被她的青梅竹马连俊骁诓到了Z大，说是参加MBA（工商管理硕士）的小组讨论会，实则是相亲。

　　站在教室的门口，连俊骁开始给薛美杉上课，"知道为什么有很多女人，削尖了脑袋也要读EMBA（高级管理人员工商管理硕士）吗？"

　　薛美杉摇了摇头。

　　连俊骁有些恨铁不成钢地叹了口气，"找对象啊。"说完，又在薛美杉的脸上左右审视了一番，"你说说你，模样也不错，脑子也不笨，怎么遇人不淑这种事，就都让你摊上了呢？"

　　薛美杉一听，扭头想走，但走了两步就又被连俊骁拉了回来，"来都来了，先进去看看吧，里面一大把青年才俊，说不定就有你的真命天子呢。"

　　这场小组讨论会一共持续了两个多小时，薛美杉没有遇到真命天子，却遇到了高中同学萧葭。

　　薛美杉佩服的人不多，却尤为佩服萧葭。高中三年，萧葭一直是班里的前三名，高考更是不负众望考上了名校，而且还是本硕博连读。原本大家都以为，萧葭念完博士也就到头了，不曾想，人家又来念了MBA。

　　萧葭是学霸，她老公更厉害。萧葭的老公叫胡涛，年纪轻轻就在T大做到了副教授。

薛美杉上一次见萧葭，还是三年前，她去参加萧葭的婚礼。萧葭的婚礼让人印象深刻，因为看上去不像是婚礼，而像是一个肃穆严谨的学术研讨会。

萧葭和高中时一样，依旧是不怎么愿意说话。

薛美杉只能没话找话，"孩子快上幼儿园了吧？"她隐约记得萧葭当年是奉子成婚。

萧葭推了推黑框眼镜，竟有些不好意思起来，"还没有小孩呢。"

薛美杉自知失语，赶紧安慰道，"没事，会有的。"

萧葭不知怎的，脸上竟浮上了一层痛苦之色，"不会再有了！"

原本，薛美杉以为，萧葭说的不会再有了，是她的身体因为流产出了问题，细聊了之后才知道，萧葭说的不会再有了，是她和胡涛不会再有孩子了，因为她离婚了。

薛美杉和其他几个在北京的高中同学，都知道萧葭找了一个学霸老公，但是大家不知道的是，她结婚没多久，她的老公竟然有了外遇。

萧葭煎熬了几个月，最后提出离婚，但胡涛却死活不肯，他想和萧葭继续过下去。萧葭是一个好老师，又是女博士，在学校里受人尊敬，这是他脸上的一块金子，他舍不得丢。

萧葭学习有韧劲，离婚也是，不管胡涛如何百般纠缠，她最后还是把婚给离了。而且把房子也卖了，房款一人一半，萧葭又拿出一部分钱，去读了MBA。

见完萧葭之后，薛美杉忽然变得悻悻然起来，好似对什么都提不起兴致。

"是不是被吓到了？"

薛美杉本来是歪在小沙发上的，却忽然坐直了身子，她确实是被吓到了，被忽然出现的老者吓到了。

老者一挥手，便在薛美杉的面前出现了一个悬空的天平。老者把缩小版的萧葭放上去，另一端是一个身材性感的女子。女子除了身材性感之外，好似就没有其他优点了，而萧葭则不同，萧葭传统、纯良、忠贞、贤惠，还聪明上进，但最终，萧葭还是被那个艳俗的女子比了下去。

难道这就是亲密关系的真相？

薛美杉站起身，往卧室走，她未卜先知，知道老者接下来会做什么说什么，她知道答案，却不想面对。

我是完整的，我是独一无二的，我是不一样的烟火……可是，又有什么用呢？

对于黎南行来说，他还是会选岑曦，因为相对而言，岑曦更有吸引力，确切来说，是更有性吸引力。

这个认知，让薛美杉再一次处在绝望的边缘。

> 性是所有亲密关系中无法回避的一个主题，而且是非常重要的一个主题，所以，在亲密关系中提升性吸引力非常重要。

02

薛美杉没有想到，会在LONG遇到黎南行。这一天，她和一个客户谈完事，正要回家，背后却响起醇厚又熟悉的声音，"美杉！"

美杉？黎南行从未这么叫过自己，薛美杉听得禁不住心下一惊。呆愣了片刻，薛美杉还是转了个身，果然，坐在不远处一个沙发上的，是黎南行！

薛美杉拧了拧眉，他怎么会在这里？他家不是住在大西边吗？难道是约会？应该是约会，因为从她的这个角度看过去，恰巧能看到桌子上的两个咖啡杯。

薛美杉犹犹豫豫着往那边挪步子，到了跟前儿，七上八下的一颗心才落了下去，还好，坐在黎南行对面的不是名模岑曦，而是一个油腻的中年男人。中年男人叫吴伟，是一个投资商，最近对NAP.L很有兴趣，便想约着黎南行出来谈谈。

薛美杉大大方方朝对方颔了颔首，"吴总。"

吴伟接过薛美杉的名片，然后笑眯眯地道，"NAP.L的品牌宣传最近可真是亮点不断，原来都是出自薛小姐的手笔啊，不简单，真是不简单啊！"

吴伟的手湿乎乎的，客套话说完了，却还是拖着薛美杉的手不放。

薛美杉浑身又起了一层冷汗。她不动声色地看了一眼黎南行，心里多少是有些恼怒的，她不知道他为什么要叫自己过来，是把她当成交际花了吗？

黎南行的脸色也不好看，刚刚还是晴转多云，现在却开始下雪，他不容分说，揽过吴伟的肩膀，"来，我送吴总。"

吴伟终于松了手，却没有要走的意思，"薛小姐，我们恰巧也投了几家时尚类企业，回头，我把这几家公司的负责人介绍给你。"

薛美杉心里厌烦，但是面上却只得点头，"谢谢吴总，真是太感谢了。"

黎南行揽着吴伟往咖啡屋门口走。

薛美杉却坐在沙发上，一个劲地用湿纸巾擦手。吴伟刚才看她的眼神太明目张胆了，赤裸裸毫不遮掩，这让薛美杉的胃里忽然之间就泛起酸来。

黎南行回来了半天，薛美杉还没有抬头，她不想说话，只是觉得生气、紧张又尴尬。

黎南行轻轻咳了一声，薛美杉才抬眸，然后瞬间又把壳子里的那个自己拽出来，"黎总，找我有事吗？"

黎南行把电脑推过去，"广告片大家都看过了，你看看还有没有什么意见？"

"好。"薛美杉又看了一眼黎南行，他的眼里有很多东西，但是唯独没有欲望，其实她早知道这个结果，只是想再确认一番，确认了，她的心便终于沉了下来，她想，她对黎南行可以死心了。

黎南行的眼里确实没有欲望，他的眼里只有云雾，云雾很沉，要下雨。为了见她一次，他特意把今天的约会定在她家附近，他知道，她是经常来这家咖啡屋的。

他刚刚见了她，心竟忽地一跳，紧张的像是一个情窦初开的中学生。可是她，却只是远远的看着他，没有激动，也没有兴奋，只是静静地站在那儿，好似不愿意过来一般。最后就算过来了，和他也是公事公办的样子，他觉得，他甚至连吴伟都不如，起码，她对吴伟还是有一些厌烦的。

想到吴伟，黎南行又起了新的烦忧。坐在她对面，他终于知道，吴伟刚刚为什么一直盯着她看了。

她今天穿的这件黑色小礼服是普通款，也没什么名贵首饰点缀，却衬得她的肌肤尤其的白皙，有一种冷清的妩媚和性感。

黎南行越想越气，气她被别人如此窥视，又气自己无能为力。

薛美杉不知道黎南行的心思，便任凭他在自己的小世界里辗转腾挪也不理。很快，她的注意力便都被广告片吸引了。

薛美杉自言自语道，"我和严木兰，还真的挺像的啊。"上次在 DeeLEE，她听严木兰说过，便心心念念记下了，她没有觉得自己和严木兰一样美，但不得不说，她们眉眼间确实是有几分相似。

黎南行起身往洗手间走，莫名其妙地甩下了一句话，"也有很多不像的地方，她可比你聪明多了。"他想，她但凡聪明一点儿，就能看得出来，他对她的心思和在乎，这连旁人都看出来了，为什么就她看不出来呢？黎南行又结合她前一段时间的行为，思忖了一番，得出的结论便是，不是她看不出来，是她不想看出来。

薛美杉嘴上没说什么，但是望着黎南行的背影，心里却难过得要命。

她没有岑曦漂亮，也没有严木兰聪明，她一无是处，这些她自己全都知道。

03

站在咖啡屋门口，黎南行双手插兜，居高临下地看着薛美杉，看了半天才开口，"要不，硬广的执行部分，也签署一个对赌协议吧？"

薛美杉仰着脸，有些错愕地盯着黎南行，感觉后槽牙都快被自己咬碎了，他这是明摆着要把FAVOUR弄破产啊！

"要不就一起吃饭，然后顺便讨论一下硬广的推广计划。"黎南行转身往自己的车旁走，一边走一边轻笑。

她终于忍不住了，她终于生气了，她生气的样子着实可爱，就像是一只炸了毛的猫。

黎南行越想越开心，觉得一下午的阴霾都烟消云散，心里只有明晃晃的得意。

黎南行开着车，优哉游哉，在傍晚的大街上游车河，没一会儿，薛美杉就在副驾驶上睡过去了。她最近工作忙，思绪也多，已经有几日没怎么睡过好觉了。

等薛美杉再醒来的时候，车子已经在"天朝凰歌"的停车场停了好一会儿。

黎南行不忍心叫醒她，便默默坐在旁边，一直看着她睡。她睡觉的时候很可爱，恬静得像个婴儿，而其他的时候不可爱，像个刺猬净扎他。

　　可即便如此，他还是不可自控地喜欢上了她，而且这喜欢竟一日浓似一日。

　　他知道，她的心并不在他身上，他也知道，感情是自愿，并不能强求。可他还是想求，想求得一人心，白首不离分！

　　薛美杉睁开眼，便被黎南行看着自己的眼神吓到了，她赶紧解开安全带推门下车，却因为下得急，差点撞了头。

　　下了车，又走了一段路，薛美杉还是觉得如芒在背。她越发困惑起来，她明明渴望他，为什么见了他，却总是紧张地想逃开？

　　"天朝凰歌"一共有四层，一楼是咖啡屋，二楼是西餐厅，三楼是中餐厅，地下还有一层，是酒吧。

　　进门，是一个雕栏玉砌的门厅，转过门厅，便是一道道蜿蜒的低矮回廊，回廊是用青花瓷瓷片贴制而成的，回廊边有错落的竹林，脚下是鹅卵石甬道，而头顶则是绢布宫灯，正散着暖黄的光。

　　薛美杉在矮墙间穿梭，像个乐不思蜀的少女，她喜欢去咖啡屋，但是却从未见过如此有创意的咖啡屋。

　　黎南行没往竹林深处走，而是倚在边上的一堵矮墙上看。这间餐厅是他的一个朋友开的，他来过一次，他猜她会喜欢，她果然喜欢。

　　黎南行倚着矮墙，忍不住笑了笑，旋即又收住，但是一会儿，唇角便又禁不住往上翘。

　　服务生带着二人去西餐厅，这里与一楼又不一样，是处处彰显着克制的奢华。抬头，满目都是花枝繁复的水晶吊灯，往下是用青铜包裹的原木桌子和棕红色的真皮沙发，桌子上摆着描金的水晶花瓶，里面的白玫瑰正开得丰神凛冽。

而最吸引薛美杉的则是四周墙壁上的油画，墙壁是铁灰色，特别做了粗糙的纹理，油画不是浮在墙面上，而是被镶嵌在墙壁里。

这样的设计，让一间充满商业甜点味道的西餐厅，瞬间就铺满了浓浓的艺术气息。

虽然那些画都不是真迹，而是临摹品，但薛美杉转了一圈，仍觉得惊叹不已。

薛美杉看画，黎南行便跟在后面看着薛美杉。

而服务生则笑盈盈地看着两个人，看了一会儿便开口道，"一看就知道，太太在艺术上有很深的造诣。"

薛美杉回头，有些错愕地看着服务生，她不知道他为什么要叫她太太？

在其他的场合，她曾经也被误会过，但大部分情况下她都只是笑笑，可此时此刻，她却忍不住要去纠正，"我们只是朋友。"其实她想说，这位是我的客户，但话到嘴边就又吞了回去。

薛美杉无法自控地又想起岑曦，岑曦说，"我听南行说，你们在合作。"是的，她可以随意叫他南行，或者其他什么好玩又有趣的昵称。而她，只能叫他黎总，她想，她和黎南行，应该连朋友都算不上。

饭菜刚上齐，黎南行便接了一个电话，他回的是软声细语。

薛美杉猜，来电话的应该是岑曦，她的脑子中，不可自控又冒出一个词儿，"春宵一刻值千金。"既然岑曦正等着他春风一度，那么她就要速战速决，两个人味如嚼蜡地吃了一顿饭，薛美杉吃得是又少又快。

下了楼，薛美杉没有随黎南行去停车场，而是踩着高跟鞋，直接走到了大马路边，她正要摆手打车，黎南行却跟了过来。

薛美杉回身，"谢谢黎总的晚餐，您早点回去吧，我自己打车回去。"

一整个晚上，黎南行的脸色都不甚晴朗，此刻却仿佛要下雨般。他几乎是连拉带拽，才把薛美杉按到了副驾驶上。

车子又从西往东开，一路上，两个人谁也没说话。

薛美杉不想说话，因为肩膀疼，她觉得她的肩膀好像是被黎南行拉扯到了，有些隐隐作痛，但是一会儿，这痛又传至五脏六腑。

春宵一刻值千金，是，她是耽误他了，可又不是她求着他来吃饭的，他对她摆出这副脸色，到底什么意思？

车刚停下，薛美杉便又急急推开门，下了车，她连句晚安都没说，就向楼门口走去。

黎南行禁不住抬头往八楼看了一眼，原来家里有人，他猜那个人可能是秦晓天。

怪不得她这么着急要往回赶！

04

薛美杉失魂落魄地上楼，开了门，又习惯性去按开关，可是开关刚按下，屋子便瞬间黑下来。她这才意识到，可能是早上走的急，忘了关家里的灯。

薛美杉没开灯，而是摸着黑走到阳台上，她把遮光帘一拉开，屋子里便瞬间有了微弱的光亮，而老者却站在光亮里，好似故意等着她一般。

薛美杉没有丝毫的惊讶，她预感到老者会来，她又转身去酒柜，倒了两杯酒，一杯递给老者。

"很痛苦？"老者啜了一口酒。

薛美杉喝了一大口，"不是。"求而不得会痛苦，她不是，她已经认清了事实，她不痛苦，她只是有点不自在而已。

这段时日，她原本是很自在的，可是这自在在遇到黎南行后，便消失了，她觉得黎南行好像就是一种会偷自在的神奇生物。

老者看了看薛美杉，然后悠悠然道，"心不断想靠近，身体却又想远离。"

薛美杉仰躺在沙发里，闭上眼。是的，从见他的第一眼到现在，她一直如此，心不断想靠近，身体却又远离。她就这样被拉扯着，不管是身体还是心，每日都不得安宁。

老者在黑暗里坐了半晌，忽然开口道，"介不介意，我们讨论一下性和身体的关系？"。

薛美杉赶忙坐起来，差点被一口酒呛住。

老者竟大笑起来，"果然如此！"

薛美杉被老者看穿了心思，窘迫得无处遁形。其实，她的潜意识里有着一个信念，在男欢女爱这件事上，岑曦更能取悦黎南行，岑曦年轻漂亮、身材好，说话娇声娇气，而她不行。

这是一个隐藏的信念，她以为她没有想过，但是这个信念确实是存在的，萧葭的故事把这个信念从意识的深海里勾了出来。

"性是亲密关系中非常重要的一部分，你不能回避这个话题。"

薛美杉当然想回避，"已经没有亲密关系了。"

已经没有了，她和黎南行没有开始，也没有未来，所以再讨论这个问题，会显得很虚妄。

薛美杉放下酒杯，往房间走，老者跟得亦步亦趋，"还记得最开始的那个梦吗？自然界中有阴阳，阴阳和谐，才有天地万物。"

薛美杉关上门，老者却又坐到了卧室的小沙发上。

"这个话题，我们现在讨论还为时尚早。"薛美杉下了逐客令。

老者坐着不走，"你认识你的身体吗？"

薛美杉有些不可自抑地笑起来，"这个还需要认识吗？鼻子眼睛嘴。"

"你确定吗？"

薛美杉有些呆愣地看着老者。

老者却起身，"或许，你该好好想想这个问题了。"说完，老者便又消失了。

"你认识你的身体吗？"薛美杉觉得老者的问题很可笑，但是洗完澡，她还是认认真真看了看自己的身体，除了还算白皙，其他的方面，乏善可陈，既不高挑，也不丰满。她想，她应该比萧葭好看那么一点点。但是，她比不过岑曦，在现实生活里，能比得过岑曦的，根本就没有几个人。

入睡后，薛美杉便开始做梦。在梦里，她一遍遍地照镜子，每一次，镜子里的那个她，都是一个面黄肌瘦的小女孩，不但面黄肌瘦，竟还佝偻着背。

薛美杉从睡梦中惊醒，又喝了半杯酒才睡去。但是，梦里依旧有一面镜子，而那个小女孩还在。

05

周末，薛美杉和黎南行吃了一顿饭，但是两个人只顾各自生气，硬广的执行计划被抛诸脑后。

所以周一，薛美杉又带着姜米琪去 NAP.L 开会。秦晓天没有一起过来，这让黎南行的脸色好看了很多，但是薛美杉却没有觉察到，因为整个会议差不多整整一个小时的时间，她都没有抬头看黎南行一眼。

开完会，下了楼，姜米琪忍不住拉着薛美杉嘘寒问暖，"美杉姐，你是不是身体不舒服？"

"没有啊！"

"那你为什么一直弯着腰，我还以为你胃疼呢？"

两个人又往前走了一会儿，恰巧有一个咖啡屋。薛美杉从咖啡屋的玻璃窗上看自己，果然，她是佝偻着腰的，虽然幅度不大，但薛美杉还是被吓出了一身冷汗。

晚上，薛美杉洗完澡忍不住又去照镜子，镜子里依然还是那个佝偻着身子的小女孩。她想她只是身子往前倾，不见得是驼背，也有可能只是想要一个拥抱而已，薛美杉忽然就觉得那个小女孩很可怜，她有些想哭。

薛美杉穿完衣服出来，果然老者又坐到了客厅的沙发上。薛美杉有些无奈地笑笑，她确实不认识自己的身体，对身体的认知，原来不只是认识鼻子眼睛那么简单。

老者抬眼在薛美杉的身上打量了一番，"这是一具从未被赞美和善待过的身体。"

薛美杉没有否认，因为老者说得对。

"你经常被抱在怀里吗？"

"嗯？"薛美杉有些喉咙发紧。

"小的时候，你有经常被父母抱在怀里吗？"

薛美杉回忆了片刻，然后摇了摇头。父亲常年不在家，根本就没机会抱她，母亲一个人在家，又忙，也没时间抱她。等奶奶搬到她家住的时候，妈妈又生了妹妹，一家人忙得鸡飞狗跳，哪有时间去管她？管她都没时间管，更何况是抱她。

不过，她五六岁的时候，就已经会抱妹妹了。妈妈忙着做饭的时候，都是她在抱妹妹，而妈妈在抱妹妹的时候，她却在做饭。

想起往事，薛美杉禁不住笑了笑，"好像在很小的时

> 归属感是来源于孩童对父母无条件的爱的感知，而拥抱、赞美、温柔的目光等是爱的载体，当孩童缺少这类感知的时候，他们就会在头脑中形成这样的想法：父母不爱我、厌弃我等。当这样的想法经常闪现的时候，就形成了信念。

候，我就学会了自力更生。"所以，她并不需要拥抱，也不需要可怜。

薛美杉低着头擦头发，头上的水越来越少，眼睛里的泪水却越积越多。

"不，你需要！"老者的声音很坚定。

薛美杉积蓄在眼眶里的泪水，终于绷不住水滴般往下落，她抬眼看着老者，老者也看着她。

老者站起来，走到她的面前，张开手臂，紧紧地把她抱在怀里，比他往日抱着她的时候更宽厚、更温暖，"你呼喊了太久，只是没有人听到而已。"

薛美杉把下巴搁在老者的肩头，环着他腰的双手却越来越紧，最后终于放声大哭起来。

待薛美杉的情绪稍稍平息，老者又调出来一副全息影像，是一株株刚刚被栽种好的小树苗，它们分布在全球各地。有的小树苗，最开始便接受阳光雨露，而有的却一直被太阳曝晒，有的更惨，直接被大风吹得连根拔起，有一些甚至在电闪雷鸣中，被烧成焦炭。

假以时日，正常持续接受阳光雨露滋养的那株树苗，在应该开花的季节开花，在应该结果的季节结果，果子落到地上，又是崭新的循环。

薛美杉一边抹眼泪，一边笑。她想，她是不幸的，却又是幸运的，她的那株树苗，只是生长在干旱的地带，起码没有被大风吹倒，也没有被雷电烧焦。

"对于我们的生命来说，拥抱、亲吻、赞美是我们成长过程中必不可少的滋养。被滋养过的生命会自然而然地成长，遇到另一半，然后相爱，结合。而滋养相对匮乏的生命，就会在亲密关系中出现一些问题。比如那些在很小的时候，曾遭受过侵犯的小孩，他们长大后，有的会变成侵犯者，有的则会变得很自卑，他们很难获得和谐的亲密关系，除非是经历过一些积极的心理治疗。但是大部分的人没有这个意识，或者没有这个条件。"

"为什么会这样？"薛美杉俨然已经意识到了这些滋养对于生命的重要性，但是她不明白的是，这些为什么会如此重要。

"当孩子在很小的时候，如果他意识到自己没有被父母真正接纳过，那么他便会产生这样的信念，这具身体是被诅咒的，不受欢迎的，不美好的，不值得留恋的。"

薛美杉指了指自己，"就是我这样的吗？"

老者点了点头，"所以，当你遇到了真正渴望靠近的人，这种信念便会被唤醒。所有的感觉都会和小时候的情境一样，羡慕、渴望，却又胆怯，还有紧张，想躲得远远的……因为怕被拒绝，所以便会忽视你真正的需要。"

> 在亲密关系中，面对你心仪的对象，当你的念头是想逃跑的时候，其实你真正的渴望是靠近、被拥抱、接纳和爱。

06

"可是……"薛美杉张了张嘴，却欲言又止。

老者又一次洞穿了薛美杉的心思，"可是这和性有什么关系呢？"

为了掩盖尴尬，薛美杉只得站起来，"你要喝水吗？"

老者竟然反问过来，"你要喝水吗？"

"嗯？"

"你要喝水吗？"老者又问了一遍。

薛美杉点了点头，她确实要喝水，因为紧张，她已经有些口干舌燥起来。

"有人教过你喝水吗？"老者自问自答起来，"一个婴儿刚出生就会吃奶，没有人教过他，小孩会吃奶是一种天性。"

薛美杉点了点头，然后拿了两个杯子去厨房倒水。

"男女的交合也是。"

薛美杉措不及防，又被一口水呛到，她已经不是什么二八少女了，对这个话题，也没有太多的忌讳，但是，她却再一次被老者的话语惊到了。

老者看着薛美杉呆愣的样子，又禁不住发笑，"上一次，我想和你讨论性和身体的关系，还记得吗？"

薛美杉红了脸，点了点头。

"你以为，我是想和你讨论性爱的技巧吗？"

薛美杉有些无奈地看着老者，她是真的，再一次想逃开了。

"性吸引力，是一种性别对另外一种性别的吸引力，性爱技巧只是它其中非常微小的一部分。"

薛美杉被老者绕得有点晕，禁不住又皱起眉头。

"客观来讲，你觉得萧葭的性别是女性吗？"

薛美杉点了点头，但随即又摇头。她禁不住又想起萧葭，短发，黑框眼镜，脸色暗沉，宽松的黑色套装，黑色的平底凉鞋，就连背包也是黑色的。

她想，如此这般的萧葭，确实是让人难辨雌雄。

此处的性别并不是我们常说的通过身体特征判断的男性女性，而是指具有不同性能量属性的特体，用阳性阴性来表述可能更准确。

"所以说，想提升性吸引力，最重要的便是强化自己的性别特征。"

"强化自己的性别特征？"薛美杉又有了新的困惑。不同的女性，有不同的美，"难道都要统一成肤白貌美大长腿吗？"

老者摇了摇头，"当然不是。"

"那该怎么做？"

"爱自己！"老者目光灼灼地看着薛美杉，又补充道，"在这个世界上，我们总是向外去找到那个最爱我们的人，可是我们最应该爱的，难道不是我们自己吗？只有你懂得如何去爱自己，爱自己的身体，爱自己的心灵，爱自己的境遇，爱自己的一切，一切美好才会为你发生！"

老者又上前抱了抱薛美杉，"所以先从爱自己的身体开始，拥抱它，接纳它，爱护它，发现它的喜好，并满足它。"

十月的阳光，格外明媚。

不知道为什么，薛美杉又偶遇到了岑曦，这一次是在健身会所里，和上一次在试衣间里不同，薛美杉不再局促不安，倒是她率先朝岑曦笑了笑。

虽然只过去了不到一个月的时间，但是薛美杉知道，她已经不再是以前的那个被诅咒的、不受欢迎的、不美好的、不值得留恋的佝偻女孩。

她的周围再也没别人，她只有她自己，温柔又强大。

薛美杉之前是很少关注自己的身体的，现在她美容、游泳，还跳肚皮舞，练普拉提，她不但自己运动，还拉着萧葭一起。

其实也可以参照吸引力法则里的"聚焦"这一概念，就是把你的性别属性更聚焦一下。

当你学会爱自己的时候，你就会成为一个强大的能量体，你会向宇宙发出强烈的信号，并吸引与你性别相反的人走进你的生命。

能代替父母爱你的并不是别人，而是你自己，看到你内在的小孩，拥抱它、接纳它、爱护它，先从爱自己的身体开始。

是的，我们的身体知道它需要什么，而我们要做的唯一一件事就是满足它，当我们内在充盈的时候，它自然会光芒四射。

扩展阅读

1. 看到你内在那个渴望爱、渴望拥抱、渴望被认可的小孩。

2. 你能看到她因为被忽视而产生的创伤。

3. 代替父母给予她更多无条件的爱。

4. 感觉到爱重新回到了你身上。

一、推荐阅读 1

为什么你无法获得异性的激赏？

为什么你的婚姻总是摇摇欲坠？

为什么回家成为你心中最怕的事？

为什么你事业无成、默默无闻？

因为你从来就没有正确地运用自身的性吸引力，没有发挥出它巨大的能量。这是改善每个人面貌的唯一内在驱动力。千百年来，无数领袖和英雄人物，一直在靠着这个秘密能力纵横驰骋、无往不胜。可悲的是，千百年来，也一直有不计其数的人埋没了自己的这个秘密武器，使得自己终生郁郁，不得幸福和成功之要领。

《性吸引力私密教程》[美] 埃德蒙·沙夫茨伯里

二、推荐阅读 2

身体终其一生都在寻求它童年时迫切需要但未能获得的滋养。父母是爱的原创，我们一生的爱都是围绕着"父母之爱"而展开。

身体拥有我们所经历过所有事情的完整记忆。身体情绪被忽视，身体会以疲倦、疾病做出反抗。

《身体不会说谎》[德]爱丽丝·米勒

三、练习

1.哪些女人，什么样的女性特质深深地吸引了你？记录下来。

2.写下你身上所具有的女性特质。

3.什么样的舞蹈、音乐、书籍，等等，会让你觉得浑身愉悦？会让你觉得特别有女性的感受？写下来，并体会你拥有之后的感受。

4.你对自己的哪些身体部位不满意？又对哪些部位比较满意？

5.在你的性生活中，这些带给你的好处和坏处分别是什么？

6.你希望拥有一具什么样的身体，以便能让你觉得非常有女性魅力（现实可达成）？

7.制定一项女性特质提升计划并实践。

CHAPTER 08

你有你的万能吸引力磁场，
你会用吗？

明确你想要的，然后立即去行动！

导 语

_ 你最常想的或最常把焦点放在上面的事，将会出现在你的
生命中，成为你的人生。

_ 当你觉得自己不好，就是在阻挡爱，而且，你会吸引更多
继续让你觉得自己不好的人和情境。

_ 在吸引力法则的运用中，最关键的是有效行动。没有行动，
一切为零。

01

薛美杉手捧着一本时尚杂志，正坐在健身会所门口的沙发上等连俊骁。

"美杉姐！"

薛美杉一抬头，就见岑曦正站在自己的面前，她今天穿了一件粉白相间的运动衣，笑得像一朵桃花。

薛美杉朝岑曦笑了笑，她忽然觉得有些奇怪，最近，不论她什么时候来健身，好像都能看到岑曦。她不知道，这纯属是巧合，还是岑曦故意为之。

岑曦自来熟地坐在薛美杉旁边，"美杉姐，在等人吗？"

薛美杉点了点头。

"那正好，陪我去逛一逛！"

薛美杉还没来得及拒绝，就被岑曦拉起来，朝外面走去。

金丽广场的五楼是各式的健身房、美容会所，二楼则是一排排的珠宝首饰店。

岑曦进了一家珠宝店，便径直朝着摆放结婚对戒的柜台走去。店员和岑曦看起来很熟悉，直接把两只钻戒递给岑曦。

"美杉姐，你过来帮我看看哪对好？"岑曦把一个精致的丝绒盒子递给薛美杉，"南行觉得这对好看，可是我觉得它设计得太简单了。"

薛美杉不知道该把手伸出去，还是立即缩回来，她只是觉得，手指好像结冰了一样，动也动不得。

"美杉姐！"岑曦又甜兮兮地喊了一声。

薛美杉扯唇笑了笑，"嗯，你选的这对更好一些！"

岑曦眉眼带笑，欢欣不已，"美杉姐，那一会儿，等南行过来，你要站在我这边，你也知道，他一向很固执。"

薛美杉好似听到了，也好似没听到，只感觉一切背景都在虚化，越来越缥缈。

薛美杉正呆愣着，岑曦却拿起电话，一脸娇羞地道，"嗯，我在二楼！"

"不好意思，我朋友到楼下了，我先走了！"薛美杉也朝岑曦摇了摇手机，然后便一扭身自顾走了。

黎南行从扶梯上来的时候，不经意间抬头，正好看到薛美杉背着健身包站在下行的扶梯上，"美杉！"

薛美杉没有抬头，她没有听到黎南行叫她，其他的声音她好似也听不到了，但是一会儿，又觉得有无数的声音在头脑里炸开。

黎南行快走几步上到二楼，又紧忙转乘下行的扶梯往下走。

连俊骁正等在金丽广场的旋转门外，一抬头便看到了薛美杉。他觉得今天的薛美杉好似有些怪异，还没有走到玻璃门，她就抬起手，好像是要推门。可到了玻璃门前，她却又差点没收住脚，一下子撞到了门上。

连俊骁赶紧跑了几步迎上去，"怎么了？"

薛美杉一手抚着胸口，一手伸向连俊骁，脸色惨白的吓人，连俊骁又快走几步，抱住摇摇欲坠的薛美杉。薛美杉伏在连俊骁的肩头，换了一口气才道，"中午没吃饭，低血糖。"

连俊骁一听，这才放心地抬头。然后就见玻璃门后面，正站着一个高大的身影。连俊骁朝门后面的那人笑了笑，然后又抬起手在薛美杉的脸上捏了一下，"骗鬼呢吧？"

薛美杉回得有气无力，"真的。"

"那正好，咱们去吃饭，估计陈虎已经等急了。"

薛美杉一手扶着连俊骁，一手去拉车门，"还是送我回家吧。"

待薛美杉坐好，连俊骁又低头帮她系上安全带，然后又满是宠溺地摸了摸她的头发，"好。"

薛美杉对于一切都毫无知觉，他觉得她好像一不小心就走到了另外一个时空里。

02

黎南行站在玻璃门的这边，也有些时空错乱。他一直怀疑她有男朋友，她那么好，值得一个好男人去爱她。最初他以为是秦晓天，但后来发现不是，所以，他觉得自己多少还有一些希望。

可刚刚的那个镜头，像是一枚针，刺破了那个泡，他忽然就觉得，胸口好像有些疼。

"南行！"岑曦怯生生的声音把黎南行强行从错愕里拉回来。

黎南行有些木然地转过身去，岑曦自然而然地把胳膊伸进黎南行的臂弯。黎南行又立即抽出来，"找我什么事？"

岑曦的眼睛很好看，此时更是带着星芒，"能不能一边吃，一边说！"

黎南行没有再继续问，径直走向了直梯，正好，他也有些话想告诉岑曦。

两人一前一后，进了一家咖啡屋，在靠窗的一个卡座坐下。岑曦抬眼看了一眼黎南行，然后万分哀婉地道，"我爸妈过几天要回国……"

"嗯。"黎南行一直低头喝咖啡。

"你能不能陪着吃顿饭？"

黎南行拧了拧眉，然后开口道，"我们已经分手很久了。"

岑曦眼窝里的泪水越积越多，"好不好，他们住几天就走？"

黎南行两只手交叉着放在桌子上，有些为难，"岑曦，这不只是吃饭的问题。"

"真的，就吃一顿饭而已！"岑曦开始抽抽噎噎起来。

黎南行手足无措，不知道怎么哄她。

岑曦见黎南行依旧无动于衷，索性坐过来，拉着黎南行的胳膊哀求道，"我真的变了好多，我会越变越好的，你再等等我好不好？"

"我们不合适！"黎南行又把胳膊抽了出来。这句话他们分手的时候他说过一次，现在不得不再说一次。

"以前，我们出去，总是会有很多人说我们是天造地设的一对，怎么会不合适呢？"岑曦凄凄婉婉地道。

黎南行拧眉不语，这些话，他是听到过，但那无非是生意场的阿谀奉承罢了。他和她，天造地设吗？他不觉得。越相处，他越觉得两个人就像是两座隔着海水无法连接的孤岛。

岑曦看了看黎南行的脸色，终于停住哭声，然后抬手抹了抹眼泪，"你喜欢薛美杉，对吗？"

黎南行没有否认，他想他应该是喜欢的。是，她没有岑曦漂亮，没有岑曦有钱，更不如岑曦那样会对他百依百顺，她对他冷淡又疏离，固执又顽强，可他还是不可自控地想向她靠近。

而刚刚在楼下，他忽然意识到，他对她，可能已经不只是喜欢了，如果只是喜欢，他的心不会这么痛。

黎南行站起来想走，他觉得他把该说的话都说清楚了。而岑曦，他以后也不会再见，他的怜悯和内疚，只会让岑曦越陷越深。

岑曦也跟着站起来，"呵呵，可是她已经有男朋友了。"岑曦又笑了笑，笑得有些茫然，"我想你刚刚也应该看到了，那个人条件很好，也很年轻。"她特别把年轻这两个字，说的重之又重。

黎南行回头，冷冷地看了岑曦一眼，然后推开咖啡屋的门，头也不回地走了。

03

那天被连俊骁送回家后，薛美杉又病了一场，头晕、恶心、低烧、没食欲，整个人像漂浮在大海上的皮球，飞，飞不起来，沉，也沉不下去。

与其浑浑噩噩度日，还不如主动忙碌起来，在家晃荡了两天之后，薛美杉就带着电脑去找乔雨露了。之前，面对乔雨露的挑剔，她是躲着走，现在却是主动往上贴，乔雨露的挑剔就像是一把剑，挑着她，可以让她心无旁骛。

她心无旁骛，就不会再去想黎南行，但黎南行却总是有意无意在眼前跳出来，扰得她不得安宁。

黎南行为人清冷，薛美杉是知道的，偶尔对她黑脸，她也是见过的。但是拍着桌子骂人，她还是无法想象。

薛美杉一边拍着姜米琪的背，一边劝慰道，"米琪，你慢慢说。"

但姜米琪却早已哭得上气不接下气，"杉姐，怎么办啊，我们刚和NAP.L签了对赌协议，我把这个案子搞砸了，啊啊啊，杉姐，我要害你破产了。"

"一次宣讲而已，还不至于让我们破产，你慢慢说，黎总为什么发脾气？"薛美杉不知道姜米琪窝在这家咖啡馆哭了多久，但是一张小脸早已成了小花猫。

姜米琪抹了一把眼泪，"我没讲好，然后黎总就站起来，把本子甩得老远，他还说，没准备好，就不要浪费我的时间。"说完，姜米琪又开始哭，她平时就有些怕黎南行，如今又被黎南行当着那么多人的面批评，她觉得她是再也没脸去NAP.L了。

薛美杉抽了几张湿纸巾递过去，"你是发生了什么事吗？"她猜应该是如此，这个方案很简单，而且是秦晓天和姜米琪一起做的，她没有理由讲不好。

姜米琪本来是停住了抽噎的，听薛美杉这么一问，就又开始嚎啕大哭起来，"杉姐，我昨晚被一个男的带到一家酒店，我差点就……"

薛美杉一听，赶紧站起来，"那你怎么没有报警呢？"

姜米琪又抽泣了几声才抬头，眼神有些闪躲，"其实是我男朋友，然后最后也没什么，不过把我吓到了，所以，今天宣讲的时候，我总走神。"

薛美杉赶紧坐过去，抱了抱姜米琪，"对不起，我陪你过去就好了。"姜米琪早上给她发了信息，但是被她拒绝了，她觉得，她最近还是不见黎南行为好。

待姜米琪情绪平复，薛美杉又忍不住问道，"你上个月不是刚和男朋友分手吗？"

姜米琪有些不好意思地低下头，"新的。"

"你什么时候又交了新的男朋友？"

"上次在一个交友俱乐部认识的，我看着他挺老实的，就答应了交往。"

想起了自己的坎坷情路，姜米琪又开始嘤嘤地哭，"杉姐，你说我这辈子会不会孤独终老啊？"

薛美杉一边帮姜米琪擦脸，一边逗她，"没事，我陪你一起。"

第二天，薛美杉还是去了一趟 NAP.L，她没有办法。但是她却没有见到黎南行，在此之后的一个月里，她都没有再见到他。

04

"失踪"了，岑曦也没有再出现在健身房里。薛美杉后知后觉，忽然意识到，他们很有可能是去旅行结婚了。

薛美杉依旧很忙，忙得天翻地覆，但忙完了之后，总有无事可做的时候，所以，她又不可自控的想黎南行。

她经常会在阳光里看到他的影子，她看到他正穿着白色的纯棉衬衫对着她笑。他的额头很宽，下面是浓浓的眉，狭长的眼，挺拔的鼻梁，柔软的唇。他不笑的时候很清冷，笑的时候又很温暖，是那种让人心安的上午阳光。他不帅气，也不年轻，他一点儿都不幽默，她甚至无法判断他是否正直良善，但是，她依旧想念他。

这千丝万缕的想念困住了她，她犹如困兽，痛苦而又焦灼。

直到有一天，她从商场买了几件和他同款的白色纯棉衬衫回来，她的世界才逐渐安稳，白色的衬衫包裹着她，上面有青草和阳光的味道，那是黎南行的味道，温暖又安全。

黎南行消失了整整一个月之后，薛美杉犹豫再三，还是答应了陈虎的约会。她想，他已经踏上了新的旅程，那么，她也该选择自己的人生了。

陈虎是连俊骁的生意伙伴，比黎南行帅气，比蓝庭轩理性，比乔潜正直，比陆涵有趣，比秦晓天老道。最重要的是，他也很想结婚。

薛美杉想，这可能就是她人生最好的选择了。

> 吸引力法则的一个显著特征就是，当你有了一个思想，你也会吸引同类的思想过来。

> 当你觉得自己不好，就是在阻挡爱，而且，你会吸引更多继续让你觉得自己不好的人和情境。

05

薛美杉洗完澡，回到卧室，就看见老者又坐在了那张小沙发上。

"这个约会让你很不开心吗？"

薛美杉坐在另一张小沙发上，拿毛巾绞着头发，"我很开心。"

老者站起来，绕着薛美杉走了一圈，"我可没看出来。"

薛美杉低垂着眉眼，不说话，她忽然就觉得，人生处处是牢笼。原本，她被困在对黎南行的想念里，为了挣脱出来，她才答应了陈虎的约会。可是整个晚上，她都怏怏然，不想说话，对食物好似也没什么胃口。她想回家，又为难，然后忽然就发现，时间是困住她的另外一个牢笼。

老者见薛美杉不说话，又接着道，"又准备回到'陆涵模式'中去了？"

薛美杉抬起头，强颜欢笑道，"那还能怎么样呢？"

老者叹了口气，"是啊，那还能怎么样呢，只不过又是一个爱而不得的故事罢了！"

薛美杉有些难过得想哭。

老者好似洞察了她的心思，又问道，"那你有没有想过，为什么会这样？"

薛美杉拧眉看着老者，是的，为什么独独是她爱而不得呢？

老者的手一挥，半空中又出现一副全息影像，是一排排货架，货架上摆着琳琅满目的杯子。

薛美杉指了指影像，问道，"卖杯子的？"

老者点了点头，"没错，全世界的杯子都在这里。"

全世界的杯子？薛美杉觉得老者说得有些夸张，禁不住笑了起来。笑声刚落，就见一个扎着马尾的高个女孩推开了商店的门。

"让我们来看看她是怎么买杯子的？"

"买杯子难道有什么秘诀吗？"

老者没有回答，又指了指全息影像。

女孩声音清脆，对着售货员道，"我要买个杯子。"

售货员笑意盈盈地问，"哦，请问您需要什么样的杯子呢？"

女孩拧眉想了想，"好看一些的吧。"

售货员转身从货架上拿下来一个鎏金的水晶杯子。

女孩拿起来左右看了看，又放下，"那个陶瓷的也帮我拿来看看。"

售货员又拿了一个陶瓷杯子给她，可女孩还是不满意，"有没有那种比较有艺术感的？"

就这样，售货员又拿下来几十个杯子，但女孩最终一个都没选，又悻悻然地离开了。

这时，老者扭过头来问薛美杉，"你知道她要买什么样的杯子吗？"

薛美杉摇了摇头。

"别说你不知道了，就连伟大的宇宙都不知道。"

"宇宙？"听到这两个字，薛美杉一下子来了兴趣。

吸引力法则生效的最重要的一个因素是聚焦。如果你并没有把你的念头聚焦在你说想要的事情上，或者说你并不知道你想要什么，那么宇宙便不会呈现。

老者耸了耸肩,"向宇宙下订单,和我们去商店买杯子,有区别吗?"

"向宇宙下订单?"薛美杉好似领悟到了什么,但是又有些模糊,"你是想说,吸引力法则吗?"

老者笑了笑,"看来你听说过这个法则?"

薛美杉的眼神有期待,也有困惑,"可是,为什么我却没有把我要的吸引过来呢?"

老者的笑声忽然大了起来,"想知道真相吗?"

薛美杉一激动,忽然站起来,"当然。"

老者点了点头,又指了指全息影像,"那下面就让我们看看,你是怎么买杯子的吧。"

"我?"薛美杉指了指自己,有些不好意思起来。

"是的,你。"

老者刚说完,影像上就出现了一个清瘦的女人,女人站在玻璃窗外,一直盯着一个蓝色的保温杯看,可却迟迟不推门进去。

老者走到影像前,用手点了点,把女人推到商店里面去。她一会儿看看这个杯子,一会儿看看那个杯子,但就是不敢用正眼去看那只蓝色的杯子。

售货员目光如炬,捕捉到了她眼里的犹疑和热切,然后指着那个蓝色的杯子道,"小姐,你是喜欢那个杯子吗?"

女人马上摇了摇头,然后落荒而逃了。只不过,过了几天,她又偷偷地站在了玻璃窗外。

老者指了指那个清瘦的女人,问道,"你觉得那个杯子会知道她喜欢它吗？"

薛美杉依旧专注地看着影像里的女人，她忽然之间就觉得，好难过。原来老者说的没错，她就是一个畏手畏脚的胆小鬼啊。

老者又笑了笑，"别说杯子了，就连售货员都不知道你想要那只杯子啊。"

薛美杉捂着嘴，又哭又笑，是啊，黎南行根本就不知道她喜欢他！

"可是，我要怎么做呢？"

"这就是吸引力法则的第三个原则，积极的行动。"

薛美杉擦了擦眼泪，"那第二个呢？"

老者手一挥，几个大字便在半空中浮现出来，"热切的渴望，正确的发愿，积极的行动。"

薛美杉越发迫切地问道，"如何正确地发愿呢？"

老者坐在小沙发上，忽然双手合十，嘴里还念念有词，"我要成为世界首富，我要世界上再也没有战争，我要当第一美女，我要……"

薛美杉觉得老者的样子很滑稽，像个不知天高地厚的孩子，禁不住笑起来。

念叨完了十几个愿望，老者才睁开眼睛，然后也笑着问道，"你笑什么？"

"我觉得，这些愿望都太夸张了，太不着边际了，根本就不可能实现啊。"

老者站起来，"是啊，可是总有人希望天上掉馅饼呢？掉的还是一张大大的馅饼。"

"你的意思是，我们的愿望是要基于现实吗？"

老者点了点头，"基于现实，并和自己相关。"

> 当你把你的念头聚焦到你希望得到的事物上之后，最重要的便是行动，心想事成并不是天上掉馅饼，而是在行动中接近你的渴望。

"还有吗？"

老者笑了笑，"当然，我再告诉你一个秘密。"

"什么秘密？"

"宇宙听不到'不'这个字，不只是不，一切否定的字眼，他都听不到。比如，我不喜欢太丑的男人，我不喜欢太无趣的男人，我不喜欢花心的男人……"老者竟把姜米琪的声音模仿得惟妙惟肖，"结果呢？宇宙就把这些男人都打包送到了她面前。"

"怪不得！"

"怪不得什么？"

"我上大学的时候，有一个教授特别严厉，我很害怕他，每次上他的课，我都很紧张，每天晚上总是默念，明天可千万不要迟到啊。结果，哎！"

"结果，就是经常迟到吗？"

"是的，每次总是有很多奇怪的事情发生，然后就迟到了！"

"热切的渴望，正确的发愿，积极的行动，就这么简单吗？"

"姑娘，这句话，我可是听你说过好几次了。"

薛美杉有些羞愧地低下头，她承认，她的确不是一个勇敢的姑娘，可是，她会让黎南行知道，她并不讨厌他。

之前，她躲着他，其实并不是躲着他，她是躲着她自己，因为太过喜欢，所以怕他不喜欢。

可是，以后，再也不会了。

06

黎南行终于还是回来了，在万圣节那天，他约她晚上一起吃饭，她想也没想就回了一个好。

约会地点是在一间地中海风格的西餐厅，有蓝色的墙，墙上有颜色热烈的花朵，脚下铺着灰白色的圆润的鹅卵石。薛美杉刚一推开包间的门，似乎扑面而来的是爱琴海温暖的海风。

可是，站在眼前的黎南行，怎么会是这个样子？他整个人看起来又黑又瘦。难道这一个多月，他没有去旅行，而是去挖煤了？应该是，而且好像挖煤挖得整个人都有些呆傻了。

这样想着，薛美杉禁不住低头一笑。

薛美杉之前是很少笑的，在黎南行面前就更少。所以，她一笑，对于黎南行来说，便如昙花，美得让人眩晕。眩晕之后，黎南行的心里又升起了一丝担心，之前她说过，爱会让女人发光，而她现在就是发着光的。所以，是不是在他离开的这一个多月，她有什么好事发生，而且是对他来说，不可承受的好事？

去非洲，原本是一场为了忘却的旅行，但是越走，她的影子在他的脑海里摇曳的就越厉害，像盛开在月夜里的罂粟，无风自动。

一个多月，他积攒了太多的话想对她说，但近乡情更怯，一时之间，又不知如何开口，他只能给她看照片，他想她会喜欢。果然，当他把手机递给她的时候，她的眼睛又是一亮，像是被吹皱了的一汪春水。

"这是在乞力马扎罗拍的？"薛美杉指着几张照片问道。

黎南行点了点头，唇角有抑制不住的笑容。

"就是海明威写过的那个乞力马扎罗吗？"

黎南行这次笑出了声，"难道还有两个吗？"

薛美杉抬起眸子，脸色泛红。两个人几乎是同时想到了那次在电梯里，她也是这般，懵懂得可爱。他觉得她像一头惊慌失措的小鹿，她却觉得自己就是一个特大号的白痴。

薛美杉赶忙又低头，她觉得，她不能直视黎南行的笑，他一笑，她所有的体面和矜持就会轰然倒塌。人家说一笑倾城，原来是这个意思！她偏要守城不倒。

看了一会儿，她又抬起一双水眸，"这些树，怎么会长得这么奇怪？"

他把头凑过去，"这是马达加斯加的猴面包树。"

"像一群胖子在开会？"薛美杉禁不住又笑，她实在是觉得这些树长得很好玩。

像一群胖子在开会？黎南行一听，刚刚雀跃的心忽的往下一落。有一次，他无意中听到她和姜米琪聊天，那个姜米琪好像管他叫"黎胖子"。其实他并不胖，只是有些魁梧罢了，但如果要是和秦晓天那种瘦高的男人比，他确实是胖了些。

黎南行故作不在乎地问道，"你不喜欢胖子吗？"但语气里却藏着一些紧张。

薛美杉抬起头，万分犹疑地看着黎南行，他是觉得自己胖吗？可她却从来没有这样觉得过，不过，他要是胖一些或许会很好玩，然后头发再长一点儿，就可以扎起满头的小辫了。

"哈哈，那就和这些猴面包树一样可爱了。"

黎南行的心刚刚还是下沉的，一见她笑，却忽的一下又飘起来。一整个晚上，他的心都如此这般，七上八下，像个莽撞少年，青涩而害羞，虽有千言万语，却又无话可说。

07

车子刚停好，薛美杉就急急下了车，她裹着小风衣，赶紧往楼门口跑，十月的天气，晚上已微寒，她跑，不是因为冷，而是因为热。

可是刚跑了几步，手就被抓住。她扭头，下意识想把手抽出来，可是却被攥得更紧，她便只能任由他攥着。就像一只燕子，在燕窝里，稍微转了一个身，想起身离去，很快就又躲回去。这回转中间，是不舍和眷恋。

晚风又起，薛美杉抬着眼，抿着嘴，等黎南行开口。黎南行也抿着嘴，然后下意识抬头往八楼看了看，没人，很好！

"你是不是觉得，我有些老？"黎南行忽然开了口，嗓音紧张又干涩。他知道岑曦那么说是故意的，可他还是很在意。他之前向来是不在意这些外在的东西的，可是独独遇到她，他整颗心都开始卑微起来。

薛美杉拧了拧眉，她一时之间有些猜不出，黎南行今天到底是怎么了？他一会儿觉得自己胖，一会儿又觉得自己老，他老吗？她知道他应该是比她大一些，但是也就大个七八岁而已，怎么会老呢？

见薛美杉不答，黎南行又开了口，"我去了非洲。"

薛美杉的眉头锁得更深了，这个她已经知道了啊。

"我想明白了一些事，然后有些话，想对你说。"

薛美杉眼眸含水看着黎南行，有期待，更有紧张。

"我不管你有没有男朋友，我也不管你到底有几个男朋友，他或者他们是否比我年轻，比我帅气，比我温柔，比我身材好，比我更有趣。既然你还没有结婚，我想，我就有追求你的权利……"

等等，薛美杉意识忽然有些错乱起来，"我有男朋友，还有几个男朋友？"

"开始，我以为是秦晓天。"

有开始，就有后来，"那后来呢？"

"开着跑车接你的那个。"

"连俊骁？他是我男朋友？人家马上就要结婚了。等等，再等等……"

说到这儿，薛美杉忽然想起了一件事，"你不是去结婚了吗？"

这回换到黎南行错愕了，"我和谁？"

"岑曦啊。"

"你怎么会认识岑曦？"黎南行拧了拧眉。

"她是名模，我自然认识，我不但认识，我还看到你们去买结婚钻戒了。"薛美杉说完，便忽的把手抽出来，然后转身又往楼门口走。那一天，她体会到了人生中从未体验过的绝望，而如今，这绝望的痛，依然留在了她的身体里，让她疼痛难当。

可依旧是没走两步，手就又被拉住。薛美杉人是停住了脚步，但是却执拗地不肯回头。她怕她一回头，所有的委屈便都会排山倒海般向她袭来，再一次把她淹没。

黎南行把她的身子扳过来。她依旧不抬头，但脸上却挂着两行泪，在月色下，剔透得像是水晶珠子。他忍不住抬手去擦，她却一偏头躲开了。

"去年十月份，AKM 的艺术酒会，你还记得吗？"黎南行再开口，嗓音暗哑的不得了。

不等薛美杉回答，黎南行又继续道，"那个酒会是我一个朋友办的，我过去也就是走走场，客串一下，没待多久就走了，可是我还是看到了你。那晚，你穿着一件酒红色的晚礼服，很漂亮，但是好像很不开心，一直躲在一个角落里喝酒，可是见了人，就又一脸欢笑。后来不知道为什么，我总能想起那个画面，然后我就找那个朋友要了你的联系方式。"

"所以，陈艳玲找我，是你安排的吗？"

黎南行有些无奈地点了点头，"我和岑曦早就分手了，在遇到你之前，很抱歉，让你误会了这么久。"

记忆的闸门终于被打开，原来，她发烧的时候，他跑过来救她是真的；他特意从国外买了去疤痕的药膏送她，也是真的；还有严木兰，他千挑万选，只为了选一个跟她相似的女人，还有，他说，如果合适，我也不会等这么久

了，原来，他是说给她听的；还有那次在"天朝凰歌"，
当服务生错把她当成他妻子的时候，他的笑也是发自内
心的。

原来，这一切都是真的，不是她的一厢情愿和痴心
妄想！

回忆像海潮，在薛美杉的头脑里翻滚，最终都化成眼
泪一点点滚出了眼眶。

黎南行禁不住又想起了那晚，她躲在角落里满眼落
寞，一身疲惫，他不认识她，不知道为什么，他看到她那
个样子，却有些心疼，他想，他对于她的感情，便始于这
份心疼。所以，他舍不得她落泪，他想尽快跳过这些悲伤
的环节，把更多的疼爱给她。

"所以，可以吗？"

薛美杉哭得有些大脑缺氧，"可以什么？"

"我可以追求你吗？"

薛美杉果真认真思考起来。

可是，她思考的每一分每一秒，对于黎南行来说都是
煎熬，他想，她要是拒绝该怎么办？实在不行，就抢吧！

思忖了片刻，薛美杉才开口，"好像也不用吧。"她想
她都喜欢他喜欢得这么明显了，应该就不用追了吧！

黎南行的声音禁不住又发颤，"那就是可以，对吗？"

薛美杉仰起脸，因为刚刚哭得厉害，所以，整个小脸
都皱巴巴的，但是眼睛却亮得如日月星辰，"可以什么？"
薛美杉觉得自己的脑子里现在都是浆糊。

黎南行本想再确认一次，可现在却什么也不想说了，

他紧紧地把她抱在怀里，然后一低头，便吻上她的唇。最开始是温柔的试探，然后是疯狂的掠夺。没有人知道，这一年来，他心里到底经历了多少高低起伏和自我怀疑。

可是一切都无法阻挡，一切都超越理性和想象，只因为，他遇到了她。她让他触摸到了爱情的模样，在爱情里，他做不了君子绅士，他只想做个不知天高地厚的少年！

薛美杉在黎南行的怀里哭得更加厉害了，从遇到他开始，她的日子就开始颠沛流离。他不知道，她要穿越多少的艰难险阻才能坚持到现在，她每一天都要像一棵竹子那样，向上生长，只为了呈现更好的自己。可是，哪一次的伸展不是肝肠寸断？

但终是有幸，辗转反侧，他终于等到了她的心动，跋山涉水，她终于听到了他的心声！

扩展阅读

一、推荐阅读

《遇见心想事成的自己》张德芬/著

本书通过一个天方夜谭似的童话故事，创造出"心想事成"的人生步骤：

第一步：你必须清楚地知道自己到底想要什么。

第二步：清除大脑中一直占据你思想的旧信念，重新设定目标。

第三步：等待接受，学习放下，让内在的力量带领你。

二、练习

1.记录下你过往的人生中取得的好结果，并用感恩的心态道谢。

2.列出在未来三个月想达成的心愿（心愿需要可量化、可执行、够重要、够挑战），并大声喊出来，告诉自然界。

我想要在_____内拥有_____；因为我想过的生活，我将用_____的方法达成这个结果（也可以绘制成表格）。

3.体会结果达成后的感受，并与这种感受在一起（需多加练习）。

4.每周记录达成的情况，并写下在这个过程中的体验与获得。

CHAPTER 09

沟通方式什么样，
亲密关系就什么样

有效沟通，是两性关系的粘合剂

导　语

_说话是沟通，是通过语言来表达彼此的想法；眼神也是沟通，是心灵的表达。而在我们所说的狭义亲密关系中，即与爱人伴侣的关系中，身体接触也是一种沟通方式，拥抱、亲吻、性爱，所以，沟通无处不在。

_良好的沟通是维系亲密关系的基础，会让彼此具有拥有感，你到达我，我到达你。

_沟通可以让伴侣更好地看到对方内在的小孩，学会拥抱及用成就的心引导亲密关系正向发展。

_沟通，为通过伴侣认知自我并进行自我疗愈提供了机会。

01

薛美杉把冬天的衣服翻出来,洗好,挂在阳台上晾晒,有薰衣草的味道。她觉得她现在的人生也是如此,终于岁月静好。

在此前的那段日子,她的很多创伤也被拿出来晒,然后被治愈。她终于又活成了她本来该有的样子,获得她本来该有的爱情。

她把她买过的和黎南行同款的那些白色纯棉衬衫也拿出来,一同洗了,衬衫上有阳光的味道,像黎南行。

"你以为这就是终点吗?"老者不知何时,又出现在了阳台上。

薛美杉笑得舒展,"难道不是吗?"寻找爱,得到爱!

老者的语气顷刻间充满了揶揄,"你在网上下了一个订单,几天之后,快递员把你要的商品送来了,然后呢?"

老者手一挥,在眼前又凭空出现了一辆豪车,"你确定这辆车你会开吗?你确定在路上不会出现问题吗?而且,真的就可以开到终点吗?"

老者的问题就像连珠炮一样,薛美杉顺着老者的问题,也陷入了沉思。

老者耸了耸肩,"亲爱的孩子,这或许只是刚刚开始呢!"

不等薛美杉再发问,老者却又倏然间消失了。

02

　　昙花为什么美好？因为只在午夜一现，爱情也是，爱情比昙花一现更难求。

　　只不过大部分人求着求着没求到，就随遇而安，直奔主题了，黎南行也是。前些年，他把所有的精力都用来打拼事业了，等事业逐渐安稳，他这才有了结婚生子的打算。和岑曦，刚开始他是奔着结婚的念头去的，但是相处了一段之后，他发现还是不行，岑曦很好，漂亮，有名气，对他也百依百顺。但是他看着她，却好像看不到尽头，他没有把握能和她白头偕老。

　　他这才意识到，就算只是想找个合适的人结婚，也不是一件容易的事。

　　但是，他还是遇到了她。在一个泛泛的酒会上，他看到了她，不明媚，也不妖艳，只是一个人，一会儿强颜欢笑，一会儿又躲在角落里喝酒。在觥筹交错的酒会上，她太黯淡无光了。他也只是不经意间瞥了她几眼，但他还是被她吸引住了，他觉得她好像是一个黑洞，有着吸引他靠近的魔力。他觉得她像一株什么植物，在暗影里颓败，但是在阳光里，却又倔强盛开。

　　黎南行看着坐在对面的薛美杉，又禁不住笑。
　　薛美杉被看得不好意思，脸色羞红，赶忙低下头，他就觉得，她的一笑一颦，都胜却人间无数。

此时的薛美杉，也像一株植物，一株会发光的植物。黎南行看得心里悸动不已，他觉得，她就是出现在他生命里的神迹。不璀璨，却可以盛开成各种形态。

"一起吃饭，有这么重要吗？"薛美杉禁不住问。自从两个人在一起之后，黎南行便对吃饭这事有了执念，他只要有时间，就会跑来跑去，只为了和她一起吃顿饭。

"当然重要，看着你吃，饭会香一些。"薛美杉被说得肌肤发麻，她觉得这不是她认识的黎南行。她认识的黎南行是少言寡语、倨傲冷清的，怎么会成了现在这个样子？

"真的吗？"薛美杉眼眸晶亮，又湿漉漉地看着黎南行。

黎南行不答，竟拉起她的手，紧紧地攥住，然后放到唇边，亲了一下。

薛美杉又是一阵窘迫，他们现在正在一个咖啡屋用餐，坐的还是一个临窗的位置，是那种玻璃一落到底的玻璃窗。窗外有几棵法国梧桐，除此之外，再无什么遮挡。

他这样看着她，吻她，对于行人来说，就像是现场直播。他怎么会成了现在这个样子，嗯？

薛美杉越窘迫，黎南行看得就越欢喜。他看了一会儿，竟又坐过来，然后把她圈在怀里。她如小鹿般挣扎，却无法挣脱，反而又被他狠狠吻了一下。

薛美杉只觉得被吻得脑子发炸，是一阵阵甜蜜得眩晕。

不远处，在几株梧桐树的掩映下，岑曦也看得脑子发炸。

阳光打在宽大的梧桐叶子上，梧桐叶子的影子又打在玻璃窗上，阳光一晃，树也晃，影子也晃，她的脑子也在晃，是梦境破碎的声音。

他和她在一起的时候，从未如此动情过。她愿意粘着他，他却说，我们是公众人物，公众场合不宜过于亲密。可是现在呢？

她已经完全按照他的喜好去改变了，她原本以为就算是分手了，她只要变好了，就还是有机会的。可是，他为什么选了薛美杉呢？那么平凡的一个女子！

03

按下邮件发送键，薛美杉连电脑都来不及关，就拎着大衣往楼下冲。

十一月中旬，北京的街头已经是寒风乍起。

薛美杉站在寒风里，四处逡巡，还是没有看到黎南行的车。她正要转头往地下停车场走，却撞进了一个怀抱，宽大又温暖。

薛美杉鼻子抽了抽，有点想哭。她已经半个月没有见到他了，她想他，很想。

黎南行也是，每晚躺在酒店的大床上，酒店的被子也很软，但是总有消毒水和香水的味道。他一闻就想家，具体来说是想北京，想她。

黎南行也顾不得其他，低头便在冷风里吻她。吻了一会儿，充满工业气息的消毒水味道才从他的头脑中被驱离，他终于又从地狱回到了天堂。

她也是。

这半个月，他忙，在出差，而她则在全力以赴抢客户，除此之外，她还要充当一个婚姻调解员。每天回家，不管多晚多累，她都要接月月的电话，对于月月的问题，她无解，唯一能做的就是耐着性子，听她唠叨。

月月和她老公杜军没有深仇大恨，只有旷日持久的争吵。两个人因为一顿饭，竟然可以大打出手，而且还打到了医院，然后又打到法院。法院同意他们离婚，但是他们却忽然不离了，又准备回家接着过，更确切说，是接着吵。

月月是她老家的邻居，就住在她们家的楼下，是她小学和初中的同学，也是她人生中的第一个闺蜜。月月和杜军在高中时就开始谈恋爱，大学分开四年，虽然是异地恋，但是却依旧蜜里调油。在她印象里，他们好像一直都是蜜里调油的状态。

直到两年前，两人同居后便开始吵架，但是吵着吵着还是结了婚，然后就又在婚姻里继续吵。

黎南行带薛美杉去吃了饭，吃完饭又看电影，但是电影只看了一半，黎南行就开车把她送回了家。

薛美杉坐在阳台的小沙发上有些懊恼，她觉得月月最近天天给她打电话，好像把她的霉运也一并传给了她。今晚，她和黎南行也有些小小的不愉快，像极了其他人手里拿着的那种婚姻和爱情剧本，以幸福开端，以不愉快结束。

"又被什么事困住了吗？"老者坐在另一个小沙发上。

薛美杉叹了口气，她觉得老者说得对，这辆爱情的豪车，她开的确实有些手忙脚乱。

绝大多数的伴侣在热恋之后会陷入"权力斗争"。

当人们开始争吵时，地狱便敞开欢迎之门。——克里斯多福孟。

在克里斯多福孟的著作《亲密关系：通往灵魂的桥梁》里，把亲密关系分为四个阶段：月晕、幻灭、内省、启示。争吵、不愉快是幻灭阶段的主要特征。

"你拒绝了他的邀请，所以他不高兴了吗？"老者目光灼灼地看着薛美杉。

"他好像很失望的样子。"

黎南行在大庭广众之下吻她，吻完，他问她，"把FAVOUR搬到NAP.L，好吗？"

此时，她的大脑还有些短路，"那我每天来回，不是更远了吗？"

他低笑了一下，"这样我们可以每天一起上下班。"

又起了一阵冷风，她的脑子才瞬间清醒，他的意思是要和她同居吗？可是，他们才刚刚开始，不是吗？"可是……新客户就在公司附近，最近要经常去提案。"她胡乱塞了一个理由过去。

他只是笑了笑，便没再说话。

老者听薛美杉复述完，点了点头，但是旋即又问道，"事实是如此吗？"

"难道不是吗？"薛美杉拧了拧眉。

"然后，电影看了一半，他就没了兴致，把你送回来了？"

薛美杉把两只小腿收拢在胸前，下巴枕在胳膊上，"他刚刚送我到门口，转身就走了，好像很不开心的样子。"之前他吻她的时候都是很热烈的，可是刚刚，他的吻却是蜻蜓点水、敷衍了事。

"人类一思考，上帝就发笑，哈哈，你可真是个自以为是的家伙。"老者和她说话向来都是温柔且充满力量的，可是刚才的话里，充满着满满的嘲讽。

薛美杉有些郁闷地低下头。再抬头，老者已经消遁。

04

上次约会，两个人不欢而散，接下来的三天，黎南行没有再过来，除此之外，和之前也没有特别明显的区别。

薛美杉心里有小小的不舒服，但是来不及清理，FAVOUR最近开发了一个新客户，叫ZAPA，是一个针对年轻女性的潮牌。现在到了比稿的最后阶段，FAVOUR的人都在全力以赴，她更要全力以赴。

这一天，她坐在办公室，刚冲了一杯咖啡，还没来得及喝，姜米琪推门进来。

"还是联系不到秦晓天吗？"

姜米琪点了点头。

两个星期前，秦晓天请假回老家，说是父亲病重。可是不知道为什么，他请假的第二天，电话就关机了。薛美杉对此很是担心。她把秦晓天当成了战友，很担心他出了意外。

另外，秦晓天走了两个星期，她才终于意识到秦晓天对于FAVOUR的重要性。他在，可以独当一面，他不在，她又开始睡眠不足，脾气暴躁，一遍又一遍审文案，审得她眼睛都快花了。

姜米琪出去了一会儿，又回来了。

"联系到晓天了？"薛美杉有些急切地道。

姜米琪脸如菜色，摇了摇头，"美杉姐，税务局的人来了。"

最近，薛美杉一直有预感，会有噩运，果真如此，而且还是噩运连连，FAVOUR第三季度的税，竟然没报。不止如此，公司账面上的五百万流动资金，再次不翼而飞。而巧合的是，两个星期前，秦晓天请假，一个星期前，财务单珊珊请假。当初，单珊珊是秦晓天推荐的，她出于对秦晓天的信任，考察都没考察，就安排她进来了。

咖啡早就凉了，薛美杉却毫无知觉，她依旧一小口一小口地喝。然后，胃开始疼，不知道是难过的，还是喝了凉咖啡的缘故。

上个月月初，NAP.L给FAVOUR打了一千万的项目执行款，收到款项后，他们一日都没耽搁，立即给各大供应商结算。这些年来，FAVOUR虽然经历波折，但是却一直受到照拂，这都源于他们的诚实守信。付完第一批项目款，账面还有五百多万元，而这些钱竟然都被秦晓天转走了。

时隔不到两年，FAVOUR再次遭到洗劫，只不过这次的劫匪不是乔潜，而是换成了秦晓天，那个曾经为她两肋插刀的秦晓天。因为他为她两肋插刀，她刚刚把她名下的股份转给了他一部分。

她想，那是她的一份心意，但很显然，秦晓天要的不是这些。

薛美杉知道连俊骁会嘲笑她，但还是第一时间把电话打了过去。她需要钱，不只是补交税款的钱，员工的工资和流动资金也要备齐了，不然，接下来的几个月，FAVOUR免不了又会动荡不堪。

薛美杉刚打完电话，姜米琪又进来了，她把手里的平板电脑推给薛美杉看，FAVOUR偷税漏税的帖子已经在业内各大论坛上被疯狂传播，竟这么快？

"美杉姐……"姜米琪见薛美杉脸色苍白的样子，开始呜呜呜不停地哭。

"抓紧联系客户吧，我猜晓天会把这个新闻推送给所有的客户和潜在客户。"薛美杉说完，便开始脑仁疼，她想，秦晓天真不愧为她的左膀右臂。打蛇打七寸，他做文案的时候，她经常如此提醒他，让他抓重点。如今看来，他深得要领。

"他为什么会这样？"姜米琪哭的快要歇斯底里了。她哭，不是因为FAVOUR要陷入万劫不复的境地，她相信FAVOUR可以挺过去。她哭只是因为秦晓天曾经是她的男神，是她不敢想的一块净土。而今，男神崩塌，净土受污。

薛美杉此时却冷静得可怕，她知道，她该责怪秦晓天，但是她也需要承担她该承担的那部分责任。在感情上，她不该给秦晓天希望的。

她想，当秦晓天知道她和黎南行在一起后，应该是绝望的。因为，无论从哪个层面看，秦晓天都没有和黎南行对抗的资本，他只有报复这一条路。他得不到她的爱，便想办法让她重蹈覆辙，让她痛不欲生！

05

夜幕昏沉，连俊骁带着银行卡和恨铁不成钢的怒气，急匆匆地赶到了，"薛美杉，你上辈子到底做了多少缺德事儿，怎么渣男都让你碰上了？"

薛美杉自认为她没有做过缺德事，但是，她确实有自己的功课要去做，她太过于轻信他人了。

黎南行推门进来的时候，正看到连俊骁把一张银行卡递给薛美杉，而她在笑。

下个星期，有董事会要召开，这几天，他尤其忙，接到姜米琪电话的时候，他正在和一个董事开视频会议。他及时叫停了会议，拿起大衣就下楼，和上次知道她生病的时候一样，却是更急切。

他想，几件事同时爆开，就算是男人估计也会惊慌无措，何况她还是一个女人，小女人。他想，此时的她，一定会觉得走投无路，说不定还会哭。一想到她无助哭泣的样子，他的心就开始痛。但是，很显然，他见到的和他所想到的她，并不一样。

连俊骁看了黎南行一眼，又看了看薛美杉，"用不用我替你报警？"

薛美杉摇了摇头，然后紧步走到门口，拉住黎南行的手。

连俊骁对黎南行并不看好，一个和前任牵扯不清的男人，能算什么好男人。"希望这次，你能把眼睛擦亮。"连俊骁连声招呼也没打，留下这一句话就走了。

晚上，黎南行送薛美杉回家，两个人都沉默如雪，到了楼下，他才开口，"你是觉得，我的钱没有连俊骁的多吗？还是，你依旧没有打算花我的钱？"

这个下午，薛美杉过得兵荒马乱，但是没哭，这一刻，她却忽然想哭，"不是。"

他只送她到楼下，没有上楼，也没吻她，只是分别前，他抱了她一下，她看不清他眼底的成色。

"我明天会安排财务把下一批款打过来，不用担心。"

她又是下意识地开口，"不用。"说完，两个人都同时一惊。

黎南行点了点头，没再说什么，转身又钻回车子，车子快速地掉头，然后开走了。

薛美杉终于在洗澡的时候哭了，当第一滴泪水落下的时候，她便开始哭，各种情绪糅杂在一起，说不清，道不明。

"为什么不告诉他真相呢？"老者站在水雾的外面。

"没什么真相。"薛美杉扯了一块浴巾裹在身上，往外走。

"出了这么大的事儿，你为什么不向他求助呢？你在担心什么？"

薛美杉不回话，去厨房倒了杯水，便开始吹头发，她不想再听老人说话，也不想思考任何问题。

老者撇了撇嘴，然后不知道从哪里拿出了一顶帽子，扣在了薛美杉的头上，"哦哦，可真是一个愿意戴帽子的姑娘。"

薛美杉回头，拧眉，"什么意思？"

老者又耸了耸肩，"喜欢戴帽子，又喜欢把真相藏在帽子里。"

"我只是太在乎他。"她想她只是太在乎黎南行了，她不想让他觉得自己很糟糕。

"哦，真是个完美的借口，你都可以开帽子店了。"

"那事实到底是什么？"薛美杉急切地问道。

老者指了指自己的鼻子，"你在问我吗？我怎么知道？"

薛美杉有些恼怒起来，"我到底该怎么做？"

老者甩下一句话，又消失了，"你在问我吗？我怎么知道？"

薛美杉困惑不已，那到底谁知道呢？

06

屋漏偏遭连夜雨，FAVOUR的危机刚刚处理完，薛美杉的母亲又病了。母亲不知道从哪里知道了FAVOUR的事情，一急，晕倒了。

她知道后，又马不停蹄往老家赶，她不是医生，回去，只是为了让母亲心安。

一个星期后，薛美杉回京。刚上了出租车，手机就收到一封邮件，邮件的标题是：或许，你并不了解黎南行。

薛美杉颤颤巍巍点开邮件，看完了邮件内容，她想，她或许真的不了解黎南行。而他们的爱情，终是昙花，开得炫目，却也短暂。

十二月份的北京，室外，寒风刺骨，室内，暖气烘人。一个星期没在家，薛美杉觉得家里好似变成了一个大蒸笼。不知道是被热的，还是因为心境不佳的缘故，她只是觉得越发窒息起来。

把所有的窗子打开，把所有的灯打开，煮面、吃面，放水、洗澡。一切，有条不紊，就像什么事情都没有发生过。

她只是离京一个星期而已，黎南行就又去找岑曦了，而且住在了岑曦家。她觉得突然，又觉得这个结果不是偶然，是不是当她拒绝他的那个夜晚，这个结果就注定会来了，只是早或晚的问题。

薛美杉头发还没有擦干，就躲进了被窝里，她很困，想睡觉。也许一觉醒来，就会发现，这一切不过只是一场梦而已。

"很难过吗？"老者不知什么时候又出现了，而且大有追着她不放的势头。

薛美杉拼命摇头，不是难过。她应该难过，但是此刻的心却无波无澜，她只是很困而已。

"你看到了什么？"

薛美杉紧紧闭着眼睛，她想把那些照片的内容从头脑中抹去，却怎么也抹不去。

"你觉得你了解他吗？"

薛美杉目光呆滞，摇了摇头。她不了解他，但是有一件事，她开始相信，黎南行，或许最爱的还是岑曦。

"你在想，我依旧是那个不值得爱的女人，对吗？"

薛美杉这次不点头也不摇头，她只是有些迷茫。为什么？她不是被治愈了吗？为什么不值得被爱这个信念，还是会像癌细胞一样，除去一个，还会有新的，侵蚀着她？

她又开始质疑起老者来。睡觉，对，只有睡觉，可以设立出一道边界，她不醒来，老者也进不来。

"美杉，醒醒！"老者又在喊她，她却死活也不想搭理他。

"真没想到啊，这辆车才开出去这么一会儿，就翻车了。"老者又开始嘲讽起来。

"你能滚远点吗？"薛美杉怒吼完，又闭上眼睛，她现在只想让他滚远点。

"薛美杉，你又急着逃回安全区域吗？"

薛美杉摇了摇头，"我没有，我只是很困，我想睡觉。"

老者却死命拉住她，不让她睡，"你决定怎么做？"

薛美杉摇了摇头，"我不知道。"

老者扯动了一下唇角，笑了笑，"你还爱他吗？所以不忍心放手？"

薛美杉终于向老者投降，她朝着老者大声喊道，"是的，我爱他，我很爱他！"

喊完，她又开始流泪，她真的好爱黎南行，是他，让她知道了什么是真正的爱。可是为什么她只体验了这么一点点，岑曦就又卷土重来了呢？只是因为，她也是一个掠夺者吗？

07

薛美杉不知道几点醒的，也不知道现在是几点，只是觉得肚子有些饿。她披着湿乎乎的浴袍，光着脚，往厨房走。

"我买了早餐。"一个厚重的声音在背后响起。

薛美杉吓了一跳，她想回头，又不敢回头，他来，是要和她分手的吗？她对爱情有洁癖，她尤其看中对方的忠诚，可是她不想分手。

"哦！"她想，她不回头，有些话他就说不出口。

她在厨房呆了半晌，终于听到开门声。

"我下午开完会再过来看你。"声音低缓而沉抑。

她还是没有回头，然后是关门声，她想，她和他兜兜转转，终于还是就此别过。

他走了，却留下了一屋子的烟草味，垃圾桶里有很多烟蒂。她想，他应该是来了很久，她想，他应该是想找个完美的借口和她分手。她又想，她要不要主动发给信息给他，免得最后彼此都尴尬。

"选择中途下车了？"刚喝了几口粥，老者又出现了。

薛美杉点头，是的。或许她的命运就该如此，她不想挣扎。

"你确定，你看到的就是真相吗？"老者拉了一把椅子坐到餐桌前。

拉椅子的声音尤其刺耳，薛美杉终于抬起眼眸，满是犹疑地看着老者，他不是智者吗？为什么最近却变成了复读机？

"你确定，你看到的就是真相吗？"最近，他为什么一直问自己这句话。

"他想和你同居，用这个词儿，你可能更容易接受一些。但是实际上，他是想和你发生性关系，你拒绝了，所以，他趁你不在，就又和前女友旧情复燃了。"

老者说完，竟开始鼓起掌来，"是这样的吗？"

薛美杉点了点头，她确实是这样想的。

"哦，可真是一个严密的推理专家。"老者向薛美杉眨了眨眼睛，"或者说，一个完美的小说家。"

薛美杉拧眉，"难道还有别的可能吗？"她刚说完，这句话忽然就在房间里被循环播放起来，"难道还有别的可能吗？"不知道播放了多少遍，声音才停下来。

"你没有问过你自己吗？"老者直视着薛美杉，"你从来就没有这样问过自己吗？"

薛美杉点头，是的。那一晚，她拒绝了他，是有些内疚的，所以刚刚，她好似已经在潜意识里，准备原谅黎南行了。她在帮他找借口，她觉得现在的结果，是她的责任。

"哦，如果这样的话，那么不得不说，黎南行还真是一个影帝级别的演员啊。"老者又开怀大笑道。

薛美杉开始闭上眼睛，回忆从情人节第二天的那个下午开始到刚才，他对她的关心是真的，在乎也是真的。他因为她对他冷淡，开始和自己生气；他为了和她吃一顿饭，从大西边跑过来，吃完再回去；他在她面前，笑得像一个傻子；而刚刚，他还给她买了早餐，那么他是昨天半夜就来了吗？

他对她的在乎是真的，爱也是真的，纸包不住火，眼睛也藏不住爱情，这一切都是真的。

"所以，他希望FAVOUR搬过去，是希望天天见到我吗？"

老者笑而不答。

"可是他为什么不直接说明呢？"

老者又反问道，"你呢？你直接把你的顾虑和担心告诉他了吗？"

她不想那么快搬过去，是因为她有顾虑，她怕月月和杜军的不幸，会在他们的身上重演，她怕一地鸡毛，破坏了眼前的美好。

"所以，那一次，你给你自己的担忧戴上了第一顶帽子。"

在沟通中，如果把想传递的信号经过复杂的编码，那么就会给对方的解码造成极大的困难，从而增加沟通难度，继而破坏亲密关系。

在亲密关系中，大部分的争吵都来自于自我评判，是我觉得他如何了，而并不见得是真相。

帽子很漂亮，但是她知道那是一个幌子，她想他应该也察觉到了，"所以他才会不高兴吗？"

老者又耸了耸肩，"我怎么知道？"

薛美杉拧眉，心想，你以前不是什么都知道吗？

"你为什么没有直接开口问他呢？"老者扯了扯唇，"你一直在问我？可是我怎么知道呢？"

薛美杉忽然意识到自己的问题，"刚刚，我也应该直接开口问他，对吗？"

"难道你应该问我吗？"老者又反问道。

薛美杉站起来，去书房拿了一沓纸、一支笔，又折回来，她把最近以来发生的事，都写在纸上。

老者见她勾画得认真，又忍不住发笑，"女人喜欢戴帽子，你知道大部分男人喜欢什么吗？"

"嗯？"

老者又开始在空气中，投放全息影像，竟然是一条拉链，"相比较而言，男人在沟通中，不太喜欢戴帽子，他们喜欢直来直去。但是当他们觉得你并没有理解他们的表达时，他们往往就这样。"老者做了一个拉上拉链的动作，"试着回想一下，在这段时间里，有多少次，他是欲言又止的？"

薛美杉果真认真数起来，"吃饭那次是，送我回家那次是，就连刚刚也是，他说了两句话，就又走了。"

老者叹了叹气，然后随之全息投影的影像又变了，是两座小岛，"这两个小岛，就像是两个情侣，只是很可惜，有些情侣在相处的过程，走着走着，就走成了两座孤岛。"

薛美杉忽然想起了月月和杜军的事。有一次，杜军出差回来，两个人准备下楼吃饭。月月想去吃火锅，杜军不愿意去，因为月月喜欢的那家火锅店太远了，开车来回需要两个小时。他有些累，想吃完饭早点睡，等休息过来，再带她去吃。结果，两个人就吵了起来，而且一发不可收拾。

"难道月月真的一定要吃火锅吗？"老者问道。

"她只是想确定杜军是不是在乎她，对吗？所以她给她的真实想法戴了一顶帽子。"

老者点了点头。

"那有什么办法解决这个问题？"

老者笑了笑，"其实答案我早就告诉过你了。"

薛美杉拧了拧眉。

"首先，摘掉帽子，选择直接说出真相，直接是最有效的沟通方式。"

薛美杉一下子想起了老者说过的话，禁不住也分享出来，"还要直接找对方去沟通，对吗？"

"其次，当一段关系出现问题时，或者当沟通出现不舒服的感受时，选择第一时间找当事人沟通。"

薛美杉的脸色禁不住羞红起来，从始至终，她都没有找黎南行沟通过一句话。她只是一直追问老者，怪不得老者一直反问，"我怎么知道呢？"哈哈，是啊，别人怎么知道呢？

"最后，分享你的感受，而不是评判。"

"这个是什么意思呢？"薛美杉禁不住问道。

"你不是一直在做评判吗？用你的信念去评判他人。"

哈哈，确实如此。他建议她搬过去，她为什么第一个念头便是性呢？这也是她的固有信念吧？因为蓝庭轩，她觉得所有的男人都会如此。

> 当孩童的两大需求未被满足，便会产生行为偏差：引起注意、权力斗争、报复心理、自我放逐，所以亲密关系所有的争吵都源于童年的创伤，我们一直想过要证明我们是被爱的，是值得的，创伤未被治愈就会一直循环。

"还有吗？"

老者站起来，按了按薛美杉的肩头，"相信自己的心，耳朵和眼睛有时候是会骗人的。还有，学会聆听。"

当老者说这句话的时候，薛美杉又开始哭。她不知道黎南行为什么要抽那么多烟。她想，他应该是伤心的，他是伤心她的拒绝，还是其他？

他说过，开完会还会来，她想，这次，她一定要亲自问问他。

08

果然，刚过了中午，黎南行就过来了，而且带着一身冷气，脸色也有些苍白，"你早就看到这些照片了？"

薛美杉迎着黎南行的目光，"是的。"

"你信了？"

"嗯！"薛美杉继续点头。

黎南行想辩解，却开不了口，只觉得心里五味杂陈。

薛美杉只穿了一件单薄睡衣，怕被门外的冷风吹到又感冒，便想回房再披件衣服出来。结果刚一转身，手就被狠狠地拉住，然后身子也被拖入一个冰冷的怀抱。

半个身子都被浸透了的凉，薛美杉禁不住打了一个冷颤，"你先把我放开！"

"不放！"黎南行竟像一个固执的孩子，非但没有放开手，反而越箍越紧，还把整个头埋到她的肩里。

"美杉！"声音低沉又压抑。

薛美杉在黎南行的怀里费力扭转身，然后仰着小脸对他，她从未见过这样的黎南行，像一个受伤又惊恐的小动物。

她踮了踮脚，在他冰凉的唇上亲了亲，他依旧不知所措，但好似得到了安慰，终将他的胳膊松了松。

"我猜照片有一部分是PS的，比如地下车库那一张，其他的也有可能是摆拍，你的大衣是阿玛尼的最新款，北京也很容易买到，嗯，至于找个和你身高体型差不多的人，再弄个一样的发型，好像也不是难事，至于选择我离京的时候……"

话还没有说完，薛美杉的唇就又被堵上，之前他吻她都是温柔热烈的，但是此刻却带着不可自控的疯狂。他在她的唇上一遍遍地撕咬，然后又是颈上。

她在狂风暴雨里品味着他的这个吻，有失而复得的惊喜，有失而不得的后怕，也有那种被信任的轻松和感激！

她想，爱除了需要沟通的维系，更需要信任的滋养。

扩展阅读

一、沟通的定义

沟通是一段亲密关系中的主要内容，选择怎样的沟通方式与伴侣进行沟通，如何改进自己与友人的沟通方式，这一切都会影响到我们和爱人、友人的亲密关系，要想改善亲密关系，懂得沟通确实十分重要。

1.非言语沟通的组成：

面部表情，注视行为，身体动作，身体接触，人际距离，副语言。

2.言语沟通：

自我表露，指的是向他人透露信息的过程，是亲密程度的指标之一：如果两个人彼此之间不共同拥有一些私人的、相对秘密的信息，他们的关系就称不上亲密。

3.推荐阅读：

《亲密关系》罗兰·米勒（Rowland Miller）

二、亲密关系中的沟通五原则

第一，摘掉"帽子"，选择直接说出真相。直接，是最有效的沟通方式。

第二，当一段关系出现问题时，或者当沟通出现不舒服的感受时，选择第一时间找当事人沟通。

第三，分享你的感受，而不是评判。

第四，相信自己的心和直觉，耳朵和眼睛有时候是会骗人的。

第五，在沟通中，学会聆听对方的声音。

三、沟通在亲密关系中的重要性

良好的沟通能让沟通的主体彼此愉悦，而不良的沟通则会让沟通的主体陷入能量的消耗中，能量消耗最重要的身体体验就是不舒服。所以，当你感觉不适的时候，要及时醒觉，是不是沟通出现了问题。

在亲密关系中，以成就对方的心态去沟通，去观察和体验对方的内在，学会去拥抱对方，而不是指责和批判。

同理，通过沟通去更好的认知自己，并对童年的创伤进行自我疗愈。

在亲密关系中，及时给予对方正向的、积极的反馈，有助于提升亲密度。

CHAPTER 10

你要选择做一个
什么样的爱与被爱者

爱不是趋利避害，

爱是愉悦与付出

导　语

_所有的启示都会把你指向爱，让你看到爱的本质。

_爱不是趋利避害，爱是恒久忍耐并有恩慈，爱是永不止息。

_如果我们不知道爱是什么，我们就无法看到爱，感知到爱，

体验到爱，并传递爱。

_真正的爱是宽容的，是给予的，是你本就拥有，无须他求，

并源源不断的存在。

01

拿下ZAPA的这个Case，让薛美杉累脱了皮。这个周末她准备补觉，结果还不到8点的光景，就听到外边传来急切的敲门声。

黎南行又去出差了，她不想起来开门，结果敲门声越来越大，最后差不多是拳打脚踢了。薛美杉无奈，赶紧披了一件衣服去开门。

门一打开，一个精致如洋娃娃的姑娘，便一脸挑衅地看着薛美杉，"你就是薛美杉，黎南行的新欢？"

薛美杉拧了拧眉，难道这是黎南行的前前任？

见薛美杉不应，戴雪儿撇了撇嘴，"我还以为得有多美若天仙呢，也不过如此。"

薛美杉被戴雪儿的样子气笑了，"找我有事？"

戴雪儿伸头往里看了一眼，"我要在你们家里住一段时间。"

"What（什么）？"薛美杉本来满满的睡意，一下子被吓醒了。

"从小到大，黎南行都不敢骂我，都是因为你，我被他骂了一顿，所以……"戴雪儿不想再废话，拉着行李箱往客厅走。

薛美杉平日做女强人做惯了，气场了得，她在后面狠狠拽住了戴雪儿的胳膊。

戴雪儿一转头，立马换出一副可怜样儿，"看在我是你表妹的分上，就收留我一段时间吧。"

这一大早，薛美杉怎么着也跟不上戴雪儿的节奏。

戴雪儿立马又哀求道，眼泪在眼窝里打转，"表嫂，我'离家出走'了，需要找个地方躲一段时间，我不能让家里人知道我偷偷回国了，他们要是知道了，一定会把我抓回去的，还有，也不能告诉我表哥。"

"表嫂，你看我，你看我长得像不像祝英台？"戴雪儿坐在沙发上，梨花带雨。

薛美杉无语，她从戴雪儿的脸上，没有看出她哪里像祝英台，她倒是觉得，她像一个影后级演员。

谭小鱼是少年成名的钢琴家。戴雪儿闲来无事，总喜欢追星，但是却没什么长性，不管喜欢谁，能喜欢三个月已经是极限了。但是她喜欢谭小鱼，竟然喜欢了整整一年，对此，她自己也很纳闷，便决定去听他的音乐会。她也想知道，他到底是何方神圣，竟然有如此大的魔力。

听完了谭小鱼的音乐会，戴雪儿当场就决定，她要让谭小鱼做自己的男朋友。结果没想到，她还真的把谭小鱼追到手了。

"可是，他爸妈却棒打鸳鸯。"戴雪儿刚刚还是梨花带雨，说到这儿，差不多就是瓢泼大雨了。

薛美杉左右看了戴雪儿一眼，这姑娘好看又聪明，除了有点自来熟之外，好似也没有其他的缺点，"为什么？"

"他们家嫌我们家有钱。"

其实真实的情况是，谭小鱼家是艺术世家。他的父亲是著名的交响乐指挥家，母亲是红极一时的芭蕾舞演员，家里众多的亲戚也都在艺术领域各有建树。他们看不上戴雪儿，觉得她除了漂亮之外，一无是处。

又抽抽噎噎了一番，戴雪儿忽然想起了什么，拿起手机调出了几张照片，给薛美杉看。照片上的两个人戴着帽子、太阳镜、口罩，除了眼睛，基本上都被遮住了，戴雪儿嗤笑了一下，"好笑吧，像两个无脸人。"这几张照片是在日本的奈良拍的，他们原本是去看鹿的，但是到最后却是游人和鹿齐刷刷看着他们。

"你不知道，表嫂，这两年，我们的交往都可以拍成谍战片了，每一次见面都跟地下党接头似的，要不停地变换接头暗号，更改见面地点，防范他们盯梢。"戴雪儿把手机收回去，"人家谈恋爱是花前月下，我们谈恋爱是在'渡劫'，简直是用了'洪荒之力'了。"

戴雪儿虽然说得声情并茂，但是薛美杉依旧不知道真假，"那你怎么又离家出走了呢？"

"前一段时间，谭小鱼他妈找到我们家，他妈说，我要想嫁入谭家，下下下辈子也没门，我妈差点被气出心脏病，然后就把我押送到美国去了。"

说着，戴雪儿忽然狡诈一笑，"他们这是想乘虚而入，给小鲇鱼安排新欢。所以，没门。"

见薛美杉还不表态，戴雪儿又开始眼泪汪汪，"表嫂，你看看，你现在这么幸福，你怎么忍心拆散我和小鱼呢？"

薛美杉被怼的无语，怎么就成了我拆散你和谭小鱼了呢？

02

又隔了几天，晚上，门外又响起急切的敲门声，薛美杉依旧披着衣服去开门，却是黎南行。

"你怎么回来了？"本来说好两天后回来的，怎么却提前了。NAP.L的产品要打入北美市场，所以最近，黎南行的出差有些频繁。

黎南行笑了笑，也不答，只是把她裹进了怀里，又开始吻。

薛美杉羞红了脸，赶紧把身子挣了出来。

"我不在，请继续！"

黎南行一抬头，就看到戴雪儿正在书房的门后，探着一个小脑袋往外看。

黎南行走了几步过去，想把戴雪儿扔到门外。戴雪儿手疾眼快，啪的一声把门关上，然后上锁。

是福不是祸，是祸躲不过。隔了没一会儿，戴雪儿又把小脑袋探出来，"表哥，你看，你现在是爱情事业两得意，我觉得吧，告密这种缺德事儿，你是不会做的，不然，会有报应的。嘿嘿，表嫂已经答应收留我了，你不会是想不听表嫂的话吧？"

黎南行一脸暗沉，又要冲过去。

"我住书房，不会打扰你们浓情蜜意的，不过，办事的时候记得小点声。"

薛美杉二十七八岁的人了，却一下子被戴雪儿说得满脸通红。她赶紧拉着黎南行躲进了卧室，刚关上门，便又被黎南行按在门上亲。亲了一会儿，黎南行却把头埋在她的颈子上，然后低低地笑。

"怎么了？"

黎南行很少笑，他笑起来很好看。

黎南行又亲了一口薛美杉，"在笑我自己。"他确实是在笑他自己，活了三十几年，自己竟活回了一个少年。这次在纽约，他无时无刻不在想她，是抽筋剥骨那种想。

"你都不想我！"黎南行的声音里，竟带着一种撒娇。

薛美杉脑子嗡的一下，她好似听谁说过，相爱的两个人，在彼此的面前，会变成孩子，看来还真是这样，向来冷清的黎南行，竟然也有这样的时刻！

"我怎么不想你了？"

"每次给你打电话，你都是昏昏欲睡的样子。"

"你不知道ZAPA这个Case多难搞，都快累脱一层皮了。"

"我一天工作十几个小时，我不累？"黎南行目光灼灼地看着薛美杉，好似在抱怨。

薛美杉被黎南行这副少年样儿搞得发笑。下一秒，就觉得身子被悬空，再下一秒，却被黎南行压到了床上。

他想说，"男人想女人的时候，和女人想男人的时候，不一样！"但终还是没有说出口。

03

黎南行终于回来了，薛美杉一边觉得心安，一边又觉得惶恐。

"你很愧疚？"

这一日，薛美杉刚和ZAPA签完合同，她不想回家，便又躲到了LONG咖啡屋。

薛美杉从呆愣中抬起头，"是的。"

之前，对于岑曦，她是有一些愧疚感的，但是很淡。黎南行反复和她解释过几次，他和岑曦早就分手了，在遇到她之前就分手了。可是这几天，她的愧疚感却与日俱增。

"为什么？"老者笑意盈然地问道。

"我觉得是我剥夺了她的幸福。"

在黎南行回来的那天晚上，她去拉窗帘，无意中往楼下看了一眼，竟然看到了岑曦。她往下看，岑曦正抬头往上看。她虽看不清岑曦的表情，但是却感觉到了她眼睛里的那种绝望。

"除了愧疚，你还害怕？"

薛美杉并没有否认她的担心，"是的，可是我更想帮帮她，但我找不到她。"

老者笑了笑，"你想怎么帮她呢？"

薛美杉满是期盼地看着老者，"你可以教给我一些方法吗？"

老者竟摇了摇头，"我也无能为力。"

薛美杉有些疑惑起来，心想，你不是万能的智者吗？你怎么会无能为力？

老者笑了笑，站起身，"出现在你生命里的每个人、每件事，它们的目的都是给你一些启示。"

"启示？"

"他们已经分手了，可是她依然在你们的关系里，那就说明，她有她未做完的功课，你也有你未做完的功课。"

薛美杉见老者要走，急忙站起来，"那我应该怎么做？"

老者没有回头，语气却异常坚定，"迎接它！"

薛美杉没有想到，当老者留下这话的第三天，她就见到了岑曦。但是，迎接她的却不是一场对话，而是从未有过的屈辱。

黎南行刚一进门，就被戴雪儿拉扯住了，"黎南行，想不到啊，原来脚踩两只船的人是你？"

戴雪儿从小到大，没有挨过父母一巴掌。刚刚，她却被岑曦打了好几个嘴巴子，她一肚子气无处发泄，便只能大刀小刀齐刷刷往黎南行身上扔。

黎南行又气又急，他想去看看薛美杉到底怎么样了，却被戴雪儿死抓着不放，不免也来了火气，"你胡说什么？"

"我胡说？你不知道岑曦是怎么骂我姐的。"戴雪儿之前粘着薛美杉一口一个小嫂子，现在她决定改口叫姐了，她觉得黎南行是个渣男，配不上她姐。

所有的启示都会把你指向爱，让你看到爱的本质。

黎南行用力拉住戴雪儿的胳膊，"她都说了什么？"

"你们根本就没有分手！"

"我们早就分了！"这句话是从黎南行的后牙槽里挤出来的，他知道，他一时的恻隐之心，终于酿下了大祸。

"没有人知道你们分手了。"戴雪儿好似嫌事不大，继续道，"分手了，还总是隔三差五去见前女友，表哥，你挺博爱的啊！"

黎南行不想再和戴雪儿计较，一转身就跑到薛美杉的门口，轻轻唤道，"美杉，给我开门！"

不知想起了什么，戴雪儿也是悲从中来，"我要是我姐，我早就不活了。"戴雪儿喊完，又开始哇哇大哭。

黎南行没有等到薛美杉开门就走了。

戴雪儿一个人哭得累了，便窝在沙发上睡觉，但刚睡没一会儿，就接到了一个电话，是谭小鱼。

戴雪儿悲从中来，又开始呜呜地哭。

谭小鱼那边也不知怎的了，声音竟有些虚弱，"雪儿，你打人的新闻，我们家人都看到了。"

"什么？"戴雪儿挂了电话，便赶紧上网，果真如此，她和薛美杉都上了娱乐新闻。

薛美杉成了抢别人未婚夫的贱女人，而她竟然成了薛美杉的打手。而新闻配图正正好好，就是她扇岑曦巴掌的照片，岑曦和她的那个男助理不知道打了她多少个巴掌，怎么最后自己成了打手了呢？

临近傍晚，薛美杉才从卧室出来，"你哥呢？"

"走了。"

薛美杉赶紧拿起手机，给黎南行打过去，手机却关机了。

"不会吧？我哥又去找岑曦了？"

薛美杉点了点头。

戴雪儿立马蹿起来，"渣男！"

薛美杉安慰道，"不是你想的那样。"

薛美杉有些后悔，下午，她只顾沉浸在自己的情绪里，本应该及时和黎南行沟通，不让他担心。她猜黎南行应该是去找岑曦了，她不知道他会说什么，做什么，只是隐约有些不安。

等到了晚上八九点，黎南行才回来，整个人都冷冰冰的，仿佛被一层灰黑的雾气所笼罩。一个下午，薛美杉对黎南行都是怨，如今，却很心疼，"没事了。"

黎南行却依旧不说话，只是紧紧地把她抱在怀里，大衣还没来得及脱，一身的冷气。

一个晚上，黎南行说了无数的对不起，但是，他却怎么也无法原谅自己。

薛美杉如今有了觉知，能时时刻刻做到自我观照，她现在的情绪已经恢复正常。她拉着黎南行的手，在沙发上坐下，"你还记得秦晓天吗？秦晓天是我的功课，而岑曦是你的。我过于轻信别人，所以才让晓天钻了空子，而你，过于仁慈，仁慈不是错，只是你的功课而已，特别是在感情上。如果有一天，你不喜欢我了，你要及时告诉我。"

黎南行原本稍稍放晴的脸，又黑沉下去。

"没有那一天。"他说着又把她裹进了怀里，他想他不傻，他好不容易得到的宝贝，怎么会不喜欢了。

薛美杉挣扎出来，继续道，"你要狠心断了我的念想，很多时候，你以为的仁慈，其实是酷刑。"

黎南行这次是真生气了，"我说过，没有那一天。"

04

黎南行说，没有那一天，但是过了没多久，薛美杉却想放手了。

半个月之后，经过两个小时的抢救，薛美杉终于脱离了危险，但是却一直醒不过来。又过了一天一夜，薛美杉才在ICU病房里睁开了眼。

前一天晚上，薛美杉在下班回家的路上，被一辆飞驰而来的轿车给撞了。

那一天，下了雪，戴雪儿没带钥匙，她着急回家，便抄了小路。结果车开了没一会儿便熄了火，她下车去检查的当儿，就被撞了，小腿轻微骨折，脑震荡。但不幸中的万幸是，脏器未受损，只是因为脑袋磕到了路边的马路牙子上，失血过多。医生的原话是，如果再晚半个小时送医，可能会因为大脑缺氧，造成局部脑功能障碍。

醒来后的薛美杉，开始有些分不清现实和梦境。她抬眼看了一眼黎南行，又把目光移开，她有些记得，在昏迷之前，她最想见的那个人就是黎南行，可是她也依稀记得，她看到黎南行走了，和岑曦一起，坐着船，岑曦穿着白纱裙，好像是婚纱的样子。

既然走了，为什么还要回来？

黎南行的心仿佛被尖刀剜了一下，时光又回到情人节的第二天，她在医院里醒来，她看他的那一眼，也是如此，淡漠疏离。

戴雪儿有些不解，赶紧凑上去，"姐。"

薛美杉拧了拧眉，想了半天，才想起这个姑娘应该叫戴雪儿，她又左右看了看，没看到彭簌簌和任嘉莹，"簌簌呢？"

戴雪儿看了一眼黎南行，"她们还不知道你住院。"

"哦！"薛美杉淡淡地答道。

醒来之后，薛美杉觉得自己和各种事物之间都有距离感，她一时半会儿，还是无法适应。

戴雪儿赶紧端过来一碗粥，"你已经昏睡了一天一夜，赶快吃点东西。"

"好！"薛美杉的头上依旧绑着绷带，只能眨了眨眼，表示同意。

见薛美杉愿意吃东西，黎南行赶紧过来，接过戴雪儿手里的碗。

薛美杉看了一眼，又淡淡地说道，"叫雪儿来吧。"说完，又把目光从黎南行身上收回来，然后开口道，"或者你们打电话给我的同事，叫晓天或者米琪过来都可以。"

她已经不记得秦晓天已经离开公司这件事了。

戴雪儿又抬头看了一眼黎南行，"好，我一会儿就打。"

黎南行知道此时不该吃醋的，但是听她叫秦晓天的名字，他的心还是揪痛得厉害，他又看了她一眼，然后站起身，便出了房间。

戴雪儿越发好奇起来，"你不认得他了？"

薛美杉喝了一口粥，"认识啊。"她自然是认识他的，他叫黎南行。

"那你们是什么关系？"戴雪儿有些担心薛美杉是被撞傻了。

"什么关系？"薛美杉确实有些困惑，她想仔细想清楚，但是一想，脑子就疼，所以便只能停下来。

戴雪儿听薛美杉这么一说又哭起来，"他是你男朋友。"

薛美杉觉得戴雪儿是在哄自己，他应该是岑曦的男朋友才对。薛美杉不想再提这个话题，只想吃饭，填饱肚子，然后睡觉，她还是觉得好困。

戴雪儿一边喂饭一边抽抽噎噎，"你真的把他忘了？从昨晚到现在，他哭了好几次，从小到大，我从来都没见他哭过。"

戴雪儿这几天也不好过。薛美杉是出了车祸，身上和脑子疼，而她则是心疼。她已经和谭小鱼正式分手了，过几日，她就要回美国去了。爱情无望，她要先把书读完。

黎南行一脸青紫，坐在外间的沙发上。

"表哥，你一天一夜都没吃东西了，吃点吧！"

戴雪儿把一个餐盒推过去，却又被黎南行推开。

"嫂子很快就会想起你的。"戴雪儿安慰道。

"我知道。"黎南行终于开口，嗓音已经哑得快发不出声来。

他刚刚去找过医生了。医生告知他不用担心，这是大脑受到撞击后产生的记忆混乱，只要多休息一些时日，就会好起来。

他难过，是因为警察下午的一番话，"还好，薛小姐反应快，向后退了两步，如果直接撞上，下半身估计就残废了。"

黎南行平生第一次体味到了后怕是什么滋味。从见到她躺在血泊里的那一刻起，到现在，他都没合过眼，他怕他一闭眼，她就真的没了。

一想到这个画面，他的手就会控制不住地发抖。

又昏睡了几天，薛美杉的记忆才终于恢复到正常的时间轴上。

黎南行日日在医院陪着她。他抱她，她不拒绝；他吻她，她也可以接受。但是，她和他之间曾经的那种无间的亲密，她却好似再也感受不到了。

05

出院后的薛美杉，情绪时好时坏。黎南行想让她搬过去，她不去；他想在家陪她，她不许；他打过来电话，她偶尔接，偶尔不接。分手的念头，会时不时的窜进她的脑海里。她知道，她好似又跳进了受害者牢笼。

"既然知道，为什么不跳出来呢？"这一日，老者又出现在她家的阳台上。

"害怕！"薛美杉如实地答道。

"你是害怕会受到伤害吗？"

薛美杉点了点头，"是的，我甚至会害怕，我和他不能终老，最近各种担心都会浮出来。"

老者扯唇笑了笑，"你问过我，爱到底是什么？现在你知道爱是什么了吗？"

她依旧不知道爱是什么，但是她知道，她爱黎南行，刻骨铭心的爱。可是，她依旧不知道爱到底是什么？

"美好的想象，愉悦的感受，心跳加速，思念，拥抱，亲吻……还有什么？"

薛美杉虽然习惯了老者语言的坦白，但还是有些不好意思起来。

"爱是美好的、深刻的。有的人说，爱是灵魂上的启迪，也有物理学家说，爱是一种能量的共振，生物学家说，是爱让繁衍变得有趣很多，甚至有一种说法，女人是由男人的肋骨变的……这些都是美好的遐想，可是，这就是爱的本质吗？"

薛美杉拧眉，"难道不是吗？"

老者又开始卖起关子，"是，也不是。"

"是也不是？"薛美杉一听更加困惑起来。

老者一挥手，一轮月亮的全息投影便呈现在她的眼前。

"晚上，我们能看到月光。"老者目光灼灼地看着薛美杉，"但是，我们知道，月亮并不发光。"

说完，老者站起来，"我们说，我们喜欢月亮，但是大部分人只喜欢发光的月亮，并不喜欢月亮本身。"

薛美杉似懂非懂，但还是点了点头。

老者又继续提示道，"出于趋利避害的本性，我们大部分人都只愿意接受爱情带来的美好，却没有人愿意背负它的沉重。"

薛美杉心领神会，如果黎南行不是现在的黎南行，只是一个普普通通的男人，恐怕她就不会遭受这么多的委屈和磨难。她原来也是趋利避害，只爱他的好。她的潜意识已经帮她做出了判断，和黎南行在一起，或许不会一帆风顺，她的潜意识提醒她——逃跑。

意识到这一点，薛美杉有些羞愧地低下头。

老者的声音又缓缓传来，"爱是恒久忍耐，又有恩慈，爱是永不止息。"

"爱是恒久忍耐，又有恩慈，爱是永不止息。"

薛美杉一遍遍念叨起来，慢慢感觉和平和喜悦又重新回到了她的身体里。

如果我们不知道爱是什么，我们就无法看到爱，感知到爱，体验到爱，并传递爱。

真正的爱是宽容的，是给予的，是你本就拥有，无须他求，并源源不断的存在的。

06

戴雪儿收拾完行李，薛美杉叫的宵夜正好送到，两个人坐在阳台的小沙发上吃馄饨。

"不再坚持坚持了？"

戴雪儿摊了摊手，她想，她对谭小鱼已经用尽全力，但还是改变不了结果。她现在已经不怪谭小鱼的父母了，她只怪谭小鱼，怪他的懦弱。

薛美杉把她和老者的对话讲给戴雪儿听，戴雪儿依旧无动于衷，她想，别人的坚持有结果，但她的没有。

两个人刚吃完饭，又有人敲门，是黎南行，薛美杉拄着拐杖来开门，"这么晚，你怎么来了？"

黎南行指了指身后，是谭小鱼，谭小鱼朝薛美杉俯了俯身，"不好意思，打扰了。"

薛美杉侧了侧身，把两个人让进来。

戴雪儿在厨房听到了谭小鱼的声音，却死活不出来，谭小鱼又彬彬有礼，"我找雪儿说几句话。"

薛美杉点了点头，便赶紧拉着黎南行回房，"你们怎么在一起？"

黎南行见她终于不再把自己当外人，嗓子忽然一紧，竟说不出话来。真好，她终于又回来了！

都说女人如花，有的女人像玫瑰，有的女人像百合，而她却像向日葵，不管经历过什么，她都会向阳而生。

"在我们家堵了好几天，我实在没办法，才把他领过来的。"

"你怎么不早说？雪儿以为谭小鱼不要她了。"

黎南行想放肆又不敢，只在她唇上亲了一口又放开，"你都不要我了，我哪里还顾得上别人啊？"

"真的吗？"在狭小的厨房里，戴雪儿拉着谭小鱼又哭又笑。

谭小鱼点头如捣蒜，戴雪儿没有想到，谭小鱼的家里
竟然同意他们交往了。

"你是怎么做到的？"戴雪儿刚哭过，眼睛里晶晶亮。

"绝食！"谭小鱼从小就是三好学生，孝顺父母，很
少违逆父母的心意，直到戴雪儿主动和他分手，他一下子
慌了。他动之以情，晓之以理，但是任凭他怎么对父母说，
都无济于事。最后，他只能绝食。

戴雪儿摸着谭小鱼异常消瘦的脸，又觉得肝肠寸断，
"那你怎么不给我打电话？"

"你好像把我拉黑了。"谭小鱼委屈吧唧地说。

那一天，她偷偷跑到一个活动现场去看他，然后看到
他拖着一个女孩的手走红毯。她忽然间火气上了头，直接
发了个信息通知他分手，就把他拉黑了。之后，薛美杉遭
遇车祸，她就把拉黑谭小鱼这事给忘了。

"我好不容易才找到你表哥家。"

戴雪儿脸上鼻涕一把眼泪一把，连擦也没擦，就往谭
小鱼的脑门上亲，"小鱼，你就是我要找的那道门。"

谭小鱼被亲的一脸浆糊，"什么门？"

"就是一道门，里面关着你和我的终老。"

薛美杉正拄着拐杖，趴在门口，偷偷往客厅里看。

黎南行在身后问，"什么门？"他有点怀疑自己的表
妹，历经大悲大喜，脑子有点坏掉了。

薛美杉轻轻把门关上，转过身，把手抚上他的脸，
"你也是我的门。"

黎南行一低头又吻住她。他不知道，她说的这个门是

什么意思，但是他喜欢她说，你也是我的。拥有一个人是
满足，但同时被拥有，便是幸福，此刻，幸福就像一朵盛
开的花朵，正在他的头脑里绽放。

扩展阅读

一、推荐阅读:《爱的艺术》

如果我爱他人，我应该感到和他一致，而且接受他本
来的面目。而不是要求他成为我希望的样子，以便使我能
把他当作使用的对象。

——艾瑞克·弗洛姆 德裔美籍心理学家、精神分析学
家、哲学家。

二、老者

你看这世间的男女，每天都是如此忙碌，有的人在追
寻财富，有的人在追求幸福，有的人在追求名誉……其实
在他们的周围，有很多的门——他们看不到却真实存在的
门，而每一扇门后，都有可能是他们所要寻找的东西。你
看到了吗？他们推开一扇扇门，越来越没有耐心，然后他
们开始奔跑，不停地跑来跑去，从这扇门跑到那扇门，以
为加速奔跑就能找到所求，他们敲了敲，不见动静，便马
上离开了。有的时候，当他离开后，那扇门却打开了，就
是他所要寻找的那个世外桃源，于是一生错过。或许，只
是那个负责开门的园丁年龄大了，行动迟缓而已，或许，
那扇门太厚，他的敲门声太小。人啊，太容易放弃了，然

后就开始抱怨上苍。

三、练习

1.最近都有哪些事情是你想要放弃的？原因是什么？结果是什么？而选择坚持的好处又是什么？

2.选择一件小事，坚持去做，让坚持成为一种习惯。

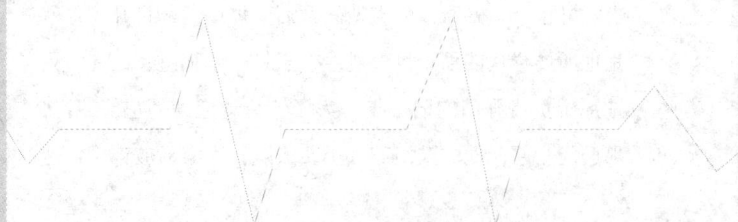

CHAPTER 11

亲密关系中的能量交换定律

所有和谐的亲密关系，
都是势均力敌

导　语

_良好的亲密关系是让你成为你自己，而不是别人的附属品。
亲密关系看似是人和人之间的关系，但是实际上是能量体
与能量体之间的关系，只有两个能量体势均力敌，这样的
关系才能保持长久。

_在良好的亲密关系中，作为亲密关系的两个主体之间，其
能量是可以交换和流动的。一旦一方停止成长，那么这种
关系的平衡将会被打破，亲密关系自然也会出现问题。

_在亲密关系中，伴侣是帮助我们发现自我、疗愈自我的一
面镜子。良好的关系便是看到彼此内在的那个小孩，并拥
抱彼此内在的那个小孩，给予爱，获得爱。

01

傍晚，夕阳西下，余晖从宽阔的玻璃窗照进来，黎南行扎着围裙正在厨房里忙碌。

而薛美杉却坐在厨房门口的椅子上，她的身旁有一只拐杖，所以此刻，她坐在椅子上，便像是一个指挥千军万马的将军。

"你还会做饭啊？"她笑嘻嘻地问。

这是黎南行有生以来第一次做饭，他回头看了她一眼，竟生出一丝丝紧张，"应该不难。"

他想，他分毫不差照着菜谱做，应该不会出太大的问题。从小到大，他从未做过饭，这几日不知怎的，却忽然有了洗手做羹汤的欲望。

她搬到别墅已经有一个月了，虽然还无法独立走路，但是气色却一点点好起来。这些时日，胃口也见好了。宋姨的手艺不错，每一顿饭菜都搭配得很用心。他看她吃得欢，便跃跃欲试，想要亲手下厨。

这一顿饭，黎南行折腾了很久，有两道菜，他是做了一遍又一遍。还好，食材准备的足够，可以让他不停做实验。

两个人吃上饭，已经是8点多了，她不忍心埋没他的杰作，大快朵颐。而他，只看着她吃，便觉得比自己吃到山珍海味还满足。

在家里待了一个月，薛美杉觉得浑身难受，她想回公司上班。

如今FAVOUR已经搬到了NAP.L的楼下，由黎南行帮她代管，每个星期，她只回去一次，主持高管会议，其余的时间，她都待在别墅里。

黎南行也不想强行"限制"她的人身自由，只是很担心一放虎归山，她又开始做拼命三娘。对于她的伤，他始终内疚，便更加担心，留下什么难以治愈的后遗症。

既然不能回去上班，薛美杉便开始在家里使劲折腾。折腾了一个多星期，家里终于变了天地，一日一日，从原来的冷清厚重，多了一些暖意。

黎南行看得自是满心欢喜。原本，家对于他来说，是没有形状的，但是自从有了她，便有了家的模块。

折腾完楼下，薛美杉又开始折腾顶楼。顶楼是一个阳光房，却只有阳光，空无一物。

这几日，薛美杉让宋姨和司机从花卉市场搬回来一盆又一盆知名不知名的花和树。花房的中间，放置了一个宽大的原木长条桌，上面摆着一瓶花，也可以看书写字。桌子前面，是一个躺椅，还有一个秋千。

虽简简单单，但是和她曾经渴望的画面出奇的一致。

花房建好的这一夜，薛美杉想坐在秋千上看星星，只可惜，北京的冬天没有星星，只有雾霾。

"你不快乐吗？"老者不知何时，坐到了长条桌边的椅子上。

所有的创伤都不可能是一次性就被治愈的，就像感冒一样，会反复地出现。我不够好，我不值得被爱，我的爱注定是要失去的，这些信念依旧会影响我们的生活。所以需要时时的醒觉，并进行自我暗示，我天生俱足，值得所有。

"我不快乐吗？"薛美杉反问道，但随即又摇头，"似乎也不是这样，我很快乐。"

她想她应该是快乐的，从未有过的快乐。她祈求得到依靠，而今，她终于得到了依靠；她祈求得到温暖，而今，她也得到了温暖；她渴望爱，现在也遇到了爱。

"难道这不是你想要的生活吗？"老者锲而不舍地追问道。

薛美杉斩钉截铁地回，"当然。"这是她想要的生活，只是，这生活让她有些越发不安起来。

02

花房建好没几天，戴雪儿就风风火火地杀了过来，"太漂亮了，结婚后，我也要弄一个。"

一块慕斯蛋糕刚下肚，戴雪儿就打消了这个念头，"还是算了吧，太麻烦。"

薛美杉笑了笑，她很羡慕戴雪儿，每天无所事事竟然也可以很快乐，她不行，她只要闲下来，就会心慌。

"你们家的小鲇鱼呢？"美杉问。平日里，戴雪儿一直管谭小鱼叫小鲇鱼，所以美杉也不自觉这样叫起来。

戴雪儿好似想起了什么，一骨碌从躺椅上爬起来，"出国演出去了，对了，姐，我来，是要告诉你一个好消息！"

戴雪儿从口袋里拿出手机，递给薛美杉，"善有善报，恶有恶报，不是不报，时候未到。"

手机上的新闻是岑曦，由于身体原因，岑曦宣布退出即将召开的巴黎时装周。照片上的岑曦看起来憔悴无比，穿着打扮也不似往日青春飞扬，只是裹了一件特别普通的军绿色大衣，戴了大大的口罩，但是依旧掩不住脸上的疲惫和双眼的无神。有媒体猜测，岑曦有可能是为情所困，起了自杀的念头，最终自杀未遂；也有人猜测，岑曦是染上了毒瘾。

"姐，开心吗？"戴雪儿围着薛美杉上蹿下跳，反正，她很开心。

薛美杉有些无奈地笑了笑，"我应该开心吗？"她想，她是应该开心的，但是不知怎么，她却开心不起来。这些时日，她终日惶恐不安，她想，她现在终于找到了答案。黎南行对她越好，她越怕这种好会是一种幻象。如今，她竟有些担心，她会是下一个岑曦。

薛美杉禁不住眉头紧锁，为什么会这样呢？

黎南行回来的时候，薛美杉在花房的躺椅上睡着。他不忍心叫醒她，便搬过来一把小椅子，坐在她对面看。她被他放在家里养了一段时日，竟养得唇红齿白，像一株从温湿土地上开出的奇异花朵。

没一会儿，薛美杉便被看醒了，她不知道他会提前回来，只是在睡梦中，隐约感受到他的气息，暖暖的，和他的白衬衫一样暖。

她抬手摸了摸他的脸，懒洋洋地道，"回来了？"

黎南行嗯了一下，然后站起身，也歪在了躺椅上。

阳光从北墙移到东墙，一个下午，他们都待在花房里，像两个少年，有说不完的话。

> 当我不配这种念头升起的时候，我们应该提醒自己，为我呈现的所有美好是因为我值得，并且我值得拥有更多的爱和美好。

说到最后，薛美杉没忍住，还是把岑曦的消息告诉了黎南行。

黎南行的脸色有一点儿暗沉。关于薛美杉的那场车祸，前一段时间，警察给出了结论，是岑曦的一个追求者所为。但是在黎南行的心里，他多少还是把岑曦当成了肇事者。

薛美杉看出，他不太想提岑曦的名字。

薛美杉见黎南行如此，心里有一番胜者的得意，但旋即又成为失落。

她多少觉得黎南行有些绝情，那种赶尽杀绝般的绝情。她不知道，将来黎南行会不会对自己也如此这般。

03

晚上，黎南行有应酬，薛美杉便一个人躲到了花房里，"你怎么又来了？"薛美杉抬头往长条桌看去。

老者不知何时不请自到，坐在长条桌边，正修剪她下午没有修剪完的花枝，"你有困惑的时候，我就会出现。"

"为什么有的亲密关系会毁灭一个人呢？我最近看了很多案例，有的女人在失恋后，会选择自杀、堕落，或者其他自我毁灭的方式。"薛美杉直接开口问道。

"你呢？"

薛美杉认真想了想，"我？喝酒，喝得烂醉如泥，然后装作没事人一样，继续工作。虽然，心里很痛，有的时候，那种痛就如一个伤疤，很难痊愈。"

"哦，所以，你才是你，而不是别人。"老者嘉许道。

"是因为我不够用情吗？"

老者没有急着回答，而是慢慢地把修剪好的花枝插到花瓶里，摆弄完了，又拿起喷壶在花枝上喷了水，这才慢悠悠地走过来，坐到薛美杉旁边的秋千上，"你听说过'万有引力'吗？"

薛美杉拧了拧眉，"你是要给我上初中物理课吗？"

"自然界中任何两个物体都是相互吸引的，引力的大小跟这两个物体的质量乘积成正比，与它们的距离的二次方成反比。"老者慢悠悠地说道。

薛美杉兴奋地坐起来，"哦，这可真是越来越有意思了。"

"如果人是一个物体的话，不是如果，而是人本来就是一个物体，一个有质量的物体，所以当一个人出生的时候，它和太阳以及八大行星之间，是有引力存在的，不同的时间，出生在不同的地点，和八大行星以及太阳的距离，其实是不一样的，所以，他们之间发生的引力也会不尽相同。"

老者起身，又回到长条桌边，倒了杯水，继续说道："不同方向的力，不同角度的力，最后作用在这个物体上，其产生的合力是不一样的，如果用二维的视角来看，就简单多了，不同的力作用在这个物体上，推动物体运转，他们的轨迹就会不同。"

"所以呢？"

"如果在同一时间、同一地点出生的人呢？他们的人生轨迹就一样了吗？"老者把薛美杉的疑问说了出来，然后开始自问自答，"自然不会如此，在这个物体运动的过程中，还会不停地接受来自其他物体的牵扯，不断有新的力改变他们的轨迹，所以，他们的轨迹开始越来越不同。有的人在原本的生命曲线上扬，而有的人却在巅峰下降。"

薛美杉有些似懂非懂，"一个人在亲密关系中被毁掉，或者说失去自我，是因为遇到了更大的力，是吗？"

老者点了点头，然后右手一抬，空气中又浮现出一副全息影像。

"看过《流浪地球》这部影片吗？"老者问道。

薛美杉点了点头。

"这部影片主要是讲述地球经过木星，达到了洛希极限，差一点儿被毁灭的故事。"

"洛希极限，你是要和我讲洛希极限吗？"薛美杉满脸期待地问道。

"洛希极限（Roche limit）是一个天体自身的引力与第二个天体造成的潮汐力相等时的距离。当两个天体的距离少于洛希极限，天体就会倾向碎散，继而成为第二个天体的环。"

薛美杉忍不住问道，"天体破碎，就和人失去自我是一样的，对吗？"

老者点了点头，"是的，洛希极限讲的是天体之间的引力作用，但是，见微知著，反过来也一样。人和人的引力也存在这样一种'洛希极限'。"

讲到这儿，老者又随手换了一副图像，是飘浮在空中的两个天体，"当一个天体相比于另一个天体超级大时，或者当两个天体超级近时，小的天体就会突破'洛希极限'，被撕裂。"老者随意在面前的空气中划动了几下，悬在半空中的一个天体就一点点被另外一个较大的天体吸引，靠近，然后被撕裂。

"现在我们看到的是一个天体在被另外一个吞噬。但是在一段关系中，弱的那一方被强的那一方所吞噬，大部分人却并不自知。他们把这段关系的破裂归咎于很多的原因，但是事实并非如此。"

看完影像，薛美杉喃喃自语，"岑曦也是如此吗？"

老者扭头看了一眼薛美杉，"你了解岑曦他们的相处模式吗？"

薛美杉摇了摇头，"你知道，我不太愿意谈这些，不过据说岑曦很乖巧懂事，她很崇拜黎南行，好像什么都听从他的摆布。"

老者摇了摇头，"岑曦可不是一个乖女孩。"

薛美杉笑了笑，"可能是她太爱他了吧！"

"爱到愿意放弃自我了吗？"老者目光深远地看向窗外，"这样的关系，就算没有分手，也是不可能长久的。"

薛美杉忍不住又问道，"可是你说的质量和距离，又是指的什么呢？"

老者斜睨了薛美杉一眼，见她有些紧张，笑了起来，"哈哈，我的意思可不是让你离黎南行远远的。"

薛美杉知道老者又在打趣自己，不禁红了脸。

"其实，每个人都是一个能量体，你要让你的能量体逐渐强大，才不会被对方吞噬。"老者又喝了一杯水，起身要走。

良好的亲密关系中，两个关系主体之间的能量是可以交换的、流动的，是势均力敌的。如果一方逐渐放弃自我，那么自我的能量就会塌陷，进而被另一方控制甚至吞噬，这样的亲密关系最终将以失败告终。

从另一个维度去看，亲密关系其实也是一种能量平衡关系，当这种能量平衡被打破时，那亲密关系将会出现各种各样的问题。所以在亲密关系中，自我成长是非常重要的。

"大抵和谐的亲密关系，都是势均力敌的，这样的关系才可能长久。"老者临走之前，又留下了这样一句总结式的语言。

黎南行上楼的时候，薛美杉依然沉浸在老者的这一番话里。还没等她回头，身子便被一个温暖的身体抱住，"在想什么？"

她拉着他坐下，"在看星星。"

黎南行抬头往天上看了一眼，浑然一片，然后有些犹疑地看了薛美杉一眼。

她也扭头看了看他，"你就是我的一颗星。"

她想，她自己也是一颗星，她要和他在浩瀚的星空里，势均力敌，彼此辉映。

04

黎南行一进门就把车钥匙狠狠地甩到了茶几上，茶壶哐当一声落了地，碎了。薛美杉攥着手机跑出来，被眼前的景象吓到，竟有些不知所措，她从未见过这样的黎南行。

黎南行摇了摇手里的手机，想说什么，又没说出来，只是狠狠地咬着牙，沉默良久才开口道，"我和你说过多少次，不要去见她，不要去见她，你为什么不听？"

薛美杉知道黎南行是因为担心自己才如此，她想走过去抱抱他，但黎南行却一闪身上了楼。

黎南行也知道自己不该如此对她动怒，但是他控制不住。到现在为止，他的身上还浮着一层冷汗，他吓死了，他再一次被她吓死了。

他今天特地早些下班，想陪她过第一个属于他们的情人节，宋姨却告诉他，她下午就出去了。他怎么找她都找不到，电话也打不通。特别是今天又下雪，和她出车祸那天的雪，一模一样。

晚饭的时候，黎南行依旧把自己关在书房里，没有出来。薛美杉也只吃了几口，便又进了花房。

"见到岑曦了？"老者果然等在那里。

薛美杉点了点头。

纵然做了心理准备，但是见到岑曦的时候，薛美杉还是吓了一跳。岑曦比新闻上的样子更不堪，憔悴颓废，像是得了重病。

"岑曦。"

岑曦竟有些惊慌无措。岑曦对薛美杉浑身上下扫了又扫，见她全须全尾，忽然哇的一下，就哭出了声。

这些时日，她夜夜被噩梦追着不放，梦里，薛美杉死了，她想笑，但是刚一抬头，就看到黎南行拿着大刀要砍她。她无处可躲，只能睁着眼看天花板。可是她看的天花板，每日又不同，因为不敢回家，她只能躲到酒店里。

她是越看越想哭，她觉得她废了，薛美杉没废，她却废了。其实，从黎南行和她分手那一天起，她觉得她就废了，只不过还留着一个光鲜的空架子罢了。她从未如此爱过一个人，她爱他，愿意为他改变，变成他喜欢的样子。她变来变去，变到最后，自己都不认识自己了。

每个人都有自己的恐惧，在面临相似事件时，会自动化进入"自我滋养"的模式。

可是纵然如此，他还是不喜欢她，他喜欢上了一个和她完全不同的女人，和之前的她不同，和改变后的她也不同。她好像被父母抛弃在十字路口的小孩，找不到回家的路。

以前，她恨不得她死，但是现在，她没死，挺好，她终于不用再做噩梦了。

"对不起！"岑曦被薛美杉拉着坐下。

薛美杉笑着道，"已经没事了。"其实也不是没事，后脑的头发已经长了出来，腿伤也基本全都好了。但是左侧的额头上，还是留下了一个小小的疤痕，像是被树枝什么刮的，留下了一个小小的V字型。

薛美杉一直想找岑曦聊聊，但总是找不到机会。岑曦躲着她，黎南行也管着她。之前，老者和她说，要她去拯救十二个女孩。其实最近，她才发现，不是她去拯救任何人，而是她们来帮助她——她们就是她的镜子，让她可以在镜子里看到自己，认出自己的真实面目。

薛美杉从背包里拿出一个小本子。她下午接到岑曦的电话后，急匆匆就往外走，但还是随手抓起了这个小本子。这个小本子是她前几天就准备好的，她担心就算她找到了岑曦，岑曦也不会和她说话，所以她把老者和她的对话都记在了这个本子上。

"这是送给你的。"

岑曦有些迟疑地接过本子，然后打开，一页一页看，竟看到了最后。看完，眼泪又落下来，落到了本子上。

在广义的亲密关系中，你周围的每个人都是你的镜子，借由他们，你才可以看到你自己，进而醒觉和自我疗愈。

再抬头，岑曦的眼睛里，终于恢复了澄明，不是刚刚那个样子，惊慌又无措。岑曦不置可否地看着薛美杉，看了半天，却只从她的眼睛里看到了诚挚和温暖，"谢谢。"

薛美杉握着岑曦的手，心里也是悸动不已，岑曦的这句谢谢，比以往她听到的任何一句谢谢，都来的厚重。

"你其实应该谢谢你自己！"薛美杉想，每一个勇敢的人，都值得被嘉许。

岑曦把手反握过来。

薛美杉知道，她的谢意是真诚的，她的也是。老者和她说过，诚实可以为她带来更大的好处。现在，她才知道，这个更大的好处便是内心的愉悦和解脱。

这份愉悦和解脱，让薛美杉也禁不住开始落泪。虽只是短短的一瞬，但是在她的头脑里闪现的却是这一路走来的风雨兼程。

有很多次，她想做个逃兵，但是不管如何，她还是往前挪动了一步，又一步。她相信，她可以，岑曦也可以。她想，每一个想追寻真爱的女孩，都可以！

薛美杉走后，岑曦又在咖啡屋里坐了一会儿。刚刚，薛美杉除了送她一个小本子，还有一个圆形的小相框，相框上镶的是岑曦第一次参加国际大秀的照片。

那一天，她很紧张，还差一点儿摔倒，但是走着走着，她就不再害怕了。因为，能走到国际T台，一直是她的梦，她要在她的梦里发光。

岑曦走出咖啡屋，街边的路灯全部都亮起来，像秀场的闪光灯。岑曦对着闪光灯，轻声说道，"黎南行，再

> 诚实可以让我们看清真相，关于自我的真相就是，我天生俱足，并不需要从外界找寻，因为我就是爱本身。

> 我们的一生都被两种力量牵引着，恐惧会把我们拉回安全的小黑屋，而勇气则给予我们无尽的光明。在每一个当下，你都可以做出选择，记得，你有选择权。

见！"然后喘了一大口气，又大声地喊道，"岑曦，你终于回来了！"

05

黎南行上楼的时候，薛美杉依旧沉浸在和岑曦的对话之中。

他轻轻地坐在躺椅上，然后紧紧地把她箍在怀里，"对不起，我不该对你发火！"

她把手放在他的大手上，紧紧握了一下，"我知道，你是担心我。"

一下午，黎南行的脑子里都是薛美杉躺在血泊里的画面。有一瞬间，他甚至都觉得脖子被人勒住，有窒息感，他刚刚遇到美好的爱情，却有人想把她从他的生命里带走，搞得血淋淋的，他害怕。

薛美杉仰脸在黎南行的脸上磨蹭了一下，像是一只猫安慰一只受伤的小伙伴，"我答应你，我会保护好自己！"

老者和她说过，所有的信念都是来自于创伤。在刚刚的一瞬，她好像看到了黎南行内在的那个小孩，他被吓到了，也开始杯弓蛇影。她的心里，有慈悲，有怜悯，也有心疼。

"嗯，我也会保护好你！"黎南行把胳膊又紧了紧。

"我也会保护好你，北极熊先生！"薛美杉低低地笑了笑。

她越发觉得，黎南行像是一只北极熊了，外表强悍，

在亲密关系中，伴侣是帮助我们发现自我，疗愈自我的。良好的关系便是看到彼此内在的那个小孩，并拥抱彼此内在的那个小孩，给予爱，获得爱。

内心柔软。她忽然想起一句话，最好的亲密关系，就是你能看到他，更能看到你自己。

薛美杉不愿意记仇，但是黎南行刚刚说过的一句话，还是把她惊到了，他说，"我和你说过不要去见岑曦，你怎么不听我的话？"

她想，她会听他的话，但是又不想听他的话。第一个听，是聆听，而第二个听，则是顺从。她不想顺从任何人，她只想做她自己。

思忖了片刻，薛美杉还是把老者和她的对话，复述给了黎南行。

"我不是你的附属品，你也不是我的，我就是我，独特的我，你也是，独一无二的存在。"薛美杉扭头，目光灼灼地看着黎南行。

黎南行一低头又在她的唇上啄了一口，他想，她说的话，他懂，因为那也是他想说的。

他好像是从见到她的第一眼，就看到了现在的景况，这就是他要的幸福。

薛美杉说完，又扭转了身子，然后窝在黎南行的怀里，"黎南行，你看到天上的星星了吗？"

"嗯，很美，很亮，很漂亮。"

窗外的雪已经停了一会儿，对面的楼房上隐约可以看见一层白色的绒毯。今天的星空出奇的清亮，或许是因为被一场雪清洗过的缘故。

> 顺从别人的念头源自于我们想通过独特价值获取父母的爱，当这个模式在不断重演，就说明我们的创伤还未被治愈。只有当醒觉到自己本身天生俱足，你才可以成为你自己。你无须顺从任何人，讨好任何人，你可以安全做自己。

薛美杉仰望着星空，忽然想起舒婷的一首诗来，"我如果爱你，绝不像攀援的凌霄花，借你的高枝炫耀自己……"

刚低吟了几句，黎南行便接上来："我如果爱你，绝不学痴情的鸟儿，为绿荫重复单调的歌曲；也不止像泉源，常年送来清凉的慰藉；也不止像险峰，增加你的高度，衬托你的威仪。甚至日光，甚至春雨。不，这些都还不够……"

薛美杉把身子又往黎南行的怀里靠了靠，继续吟唱道："我必须是你近旁的一株木棉，作为树的形象和你站在一起。根，紧握在地下；叶，相触在云里。每一阵风过，我们都互相致意，但没有人，听懂我们的言语……"

低吟到这句的时候，黎南行忽然抬起薛美杉的左手，在无名指上不停摩挲着。

薛美杉回头看着黎南行，不知道为什么，心里有期待，也有激动。

黎南行低头在薛美杉的脸上吻了一下，然后把一枚钻石戒指戴在了她左手的无名指上，接着紧紧地把她的手握在手里，两个人仿佛心有灵犀一般，一起吟诵出了最后的几句："仿佛永远分离，却又终身相依。这才是伟大的爱情，坚贞就在这里：爱——不仅爱你伟岸的身躯，也爱你坚持的位置，足下的土地。"

念完这首诗，黎南行又抬起薛美杉的手，亲吻起来，"执子之手，与子偕老！"

吻完，他又把她紧紧抱在怀里，"戒指早就买好了，本来，我打算等你的伤彻底好了之后，我想了很多种方案……"

"我知道。"她知道他会求婚，也知道他在偷偷背着她谋划着什么，她装作一概不知，她希望他可以享受这个紧张的过程，她也期待他求婚那天的场景。

"可是，我等不及了！"他把下巴又埋进她的肩窝，深情地说道。

"这是我听过的最庄严的求婚誓言！"

没有刻意的安排，没有浪漫的场景，没有兴师动众，只有两个人，彻底交了心，发了誓，一切，都刚刚好！

无声的泪水顺着薛美杉的面颊一点点往下落，落到了黎南行的手上，他抬起手帮她拭去泪水的瞬间，自己却也流下了眼泪，里面有激动，也有感恩。

薛美杉依旧有些哽咽，然后缓缓开口，"执子之手，与子偕老！"像复读机一般。

她从未像此刻这般，深刻地理解这句话的含意，你依旧是你，我依旧是我。但是多好啊，我们遇到了，然后挽起你的手，我们一起走下去，不管将来我们会经历怎样的风霜雨雪，春暖花开！

扩展阅读

一、练习

1.列出他曾经要求你改变，或你为了和他在一起而被迫改变的特质。这些改变对他的好处是什么？对你的好处是什么？哪些你选择接受，哪些你选择不接受，为什么？

2. 找个时间和他沟通在要求被改变后你的感受，并获得对方的理解。

3. 不断温习之前的课程，成为一个完整独立的女人。

4. 建立自己的事业和工作中心，并按照吸引力法则一章的方法拟定目标并践行。

CHAPTER 12

幸福的家庭各个相似，
秘诀就在这里！

共同目标、全情投入、百分百负责、服务精神

导 语

_爱情是两个人的事，婚姻却是两个家庭的事。

_在更广泛的亲密关系中，当你被某些信念影响时，很可能
是你的内心也隐藏着同样的信念，你要把它找出来，并发
觉背后的成因，进而为自己提供自我疗愈的机会。

_婚姻是由无数信念织成的一张网，与其坐以待毙，不如反
过来，用正向的信念去影响其他人。

_父母是一个人一生力量的源头，当一个家庭充满爱，孩子
将会成为最大受益人。

01

这一天，还没到12点，姜米琪便笑嘻嘻推门进来，然后指了指表。薛美杉心领神会，赶紧放下手头的工作，起身往外走。果然，黎南行早已等在了公司门口，他依旧每日忙，但是再忙，他都会准时下楼，然后拖着她去吃饭。

如今FAVOUR和NAP.L在同一栋大厦办公，但是不在同楼层。NAP.L在顶层，FAVOUR在12层。这是薛美杉的坚持，她觉得两个人在一起，不管是工作还是生活，都要既紧密又疏离，只有这样，亲密关系才会更持久。

薛美杉一出门，手就被黎南行扣住了。他笑着，把她圈在怀里，又在她的额上亲了一下。黎南行长得高大魁梧，之前很少笑，站在人前，活脱脱就像一根冰冷的木头，而此时，这根木头上却开满了鲜花。薛美杉对黎南行如此明目张胆的亲昵还是有些不太适应，但心里却十分欢喜，这欢喜映在脸上，也如同花朵在绽放。

现在是六月，薛美杉怀孕已经三个多月了，她和黎南行原本是打算七月份去普罗旺斯拍婚纱照，然后十月份举行婚礼的。但是计划没有变化快，她意外怀孕了，而且孕吐反应严重。

这个星期，她才刚刚回FAVOUR上班，没有想到在这家粤式餐厅，她竟然遇到了老上司崔杨柳。

"你先生对你可真好。"黎南行前脚刚走，崔杨柳就忍不住啧啧称赞。

薛美杉有些不好意思地笑笑，别人都看到了黎南行对她的好，但是她却看到了黎南行的紧张，是初为人夫和人父的那种躁动和焦虑。

"对了，杨柳姐，你怎么又回来上班了？"薛美杉忍不住问道。

五年前，崔杨柳才二十六七岁的年纪，便已经坐到奥斯策划总监的位置，再往上，就是副总裁了。但谁都没有想到，她却忽然辞职回家做全职太太了。

崔杨柳笑得云淡风轻，"孩子上幼儿园了，我在家也待腻了，就想出来透透风。"

一孕傻三年，说的一点儿都没错，此时的薛美杉，反应迟钝，她没有看出崔杨柳这笑容背后的无奈和心酸。

02

很快，时光就流淌到八月底的一天中午，薛美杉又在那家粤式餐厅约了崔杨柳。她想向崔杨柳咨询一下，什么牌子的妊娠霜最安全。薛美杉之前是不太在乎美丑的，但最近还是被自己的样子吓了一跳，肚子上布满了细小的粉红色的细纹不说，脸上淡褐色的妊娠斑也若隐若现。她觉得现在的自己活脱脱就像是一个冬眠刚醒的小怪物。

两个人吃了半晌，崔杨柳才抬头，眼神里有晃来晃去的犹疑。

"怎么了，杨柳姐？"薛美杉放下筷子问道。

"好久都不见你先生陪你了。"

薛美杉目光澄澈，"他出差了。"黎南行最近去了美国，NAP.L北美市场的开拓很不理想，他只得亲自披挂上阵。

崔杨柳抬眼看着薛美杉，目光里有些哀凄。

薛美杉拧眉，"杨柳姐，你是不是有什么话要对我说？"

崔杨柳犹豫了半天，还是开了口，"前一段时间，我离婚了。"

薛美杉一惊，她当初可是为爱辞职的，怎么会离婚呢？

崔杨柳苦笑了一下，"我怀着我们家朵朵的时候，杨光就在外面有人了。为了朵朵，我忍了三年，前一段时间，我忍不下去了，就把这事办了，朵朵归我。"

崔杨柳端起酒杯，喝了半杯酒。其实，刚刚她叫酒的时候，薛美杉就觉察出了异常，只是没有想到，竟是如此惊天动地的伤心事。

崔杨柳是薛美杉在奥斯的顶头上司，她离开奥斯后，便把她的位置留给了薛美杉，所以，在薛美杉的心里，是诚心实意把崔杨柳当作自己的恩人和姐妹的。

薛美杉拉住崔杨柳的手，心里很是难过，如果不是怀孕，她也想陪她喝一杯。

"妹妹，你不了解男人，男人嘴上说着爱你，但是一转身，可能就去抱别的女人了。"崔杨柳也握紧了薛美杉的手，"姐姐没别的意思，就是想给你提个醒，可千万别步姐姐我的后尘。"

薛美杉扯唇笑了笑，不知道该如何回答。她想黎南行不会，黎南行很爱她，而且向来理性，他不会干这么缺乏理性又得不偿失的事儿。

"还有一点建议，你也要千万注意了，就是千万千万不能和婆婆住在一起。如果不是杨光他妈，我们也走不到今天这一步。"

当年，杨光让崔杨柳辞职，其实真正的目的是照顾他妈。婆媳两人同处一个屋檐下，很快就有了矛盾。到了崔杨柳怀孕的时候，矛盾就更大了，婆婆是什么事都想管，而媳妇是什么事都不想婆婆管。

崔杨柳干了杯中酒，"最开始，杨光还居中调停一下，后来，就干脆不回家了，躲在外边喝大酒，喝着喝着，就和一个姑娘好上了。"

可能是因为喝得太急，崔杨柳脸上已有醉意，"姐姐告诉你，真的，男人没有一个是好东西。"

又一日，薛美杉开完会刚回办公室，姜米琪就跟了进来，"杉姐，你知道乔安吗？"乔安是 NAP.L 新来的渠道总监，很漂亮，而且能力也不错。

薛美杉点了点头，"知道啊，怎么了？"

姜米琪支吾了一番才开口，"那个，最近黎总出差都是带着乔安的。"

薛美杉禁不住笑了笑，"她是渠道总监，不带着她，难道带着前台吗？"

姜米琪有一番为难，"可是，现在 NAP.L 的人都在传，他们有特殊关系。"

"什么特殊关系?"薛美杉眼睛晶亮,像在听别人的八卦,"你觉得乔安和岑曦比,谁更漂亮?"

黎南行连岑曦都看不上,会看上乔安?薛美杉觉得传这些谣言的人不止是无聊,还很无脑。

姜米琪见薛美杉如此,便也不好再说什么了,但仍忍不住替薛美杉担忧起来。

03

黎南行从美国回来后,就觉得薛美杉变了,她变得像一只猫。她依旧和他亲近,但是神态却很疏离。他开口问她,"怎么了,感觉你怪怪的?"她就反问他,"我哪里怪了?"

他看她的时候,她眼神平静,但是只要他转身,她就会像猫那样打量他,满眼的犹疑。他一回头,她就又泰然自若。

晚上,他从背后抱着她,又问,"生气了?"他以为她的疏离是因为气恼他最近总出差。

她不说话,只是摇头,再问,她就装出迷迷糊糊的样子,"我困了。"

他不忍心她困乏,便只能说好,然后搂着她睡去。可到了第二天早上,他却发现,她竟身子贴着床边,离他很远,似乎一夜都是这个姿态。

这样的薛美杉,让黎南行惊出了一身冷汗,他无计可

在亲密关系中,伴侣经历过权力斗争后会进入报复心理阶段,无视、远离也是报复的一种,心理的潜台词是你是错的,你伤害了我。

施，只能跑去问医生。医生告诉他，孕妇的情绪很容易不稳定，多陪陪就好了。黎南行一听便开始后悔，然后立马就把就近的一些出差计划给推了。

可纵是如此，薛美杉还是没有好过来。

以前，她虽然不自知，但还是很喜欢粘着他的，但最近，她却总是喜欢一个人待着。有的时候，她会窝在床上看书，有的时候会去花房。但无论在哪儿，她的目光都是呆呆的，而且一坐就是半天。

薛美杉喜欢在花房待着，因为老者也经常光顾。她看花，老者便看她，像看一个试验品。从她怀孕以来，老者虽然经常出现，但是却不怎么说话了，每次她有困惑，老者都会回答，"体验你的感受。"

这一日，薛美杉有些恼怒，她不想再体验了，她的感受很不好，她觉得再体验下去，她一定会崩溃。

她不想崩溃，也不想再装作若无其事！

晚上，黎南行在书房处理完工作后回到卧室，就见薛美杉正在收拾他的衣服，他赶紧走过去，从后面抱住她，"最近不出差，不用忙着折腾这些。"

薛美杉依旧不说话，只是掰开他的手，继续忙碌。

黎南行赶紧把她的身子扳过来，"怎么了？"

薛美杉低着头，脸色有些苍白，犹豫了片刻还是开口，"书房也有床，你暂时搬到书房去住吧。"见黎南行不答，她立马又补了一句，"或者我去客房。"

在黎南行的印象里，薛美杉很少有执拗的时候，

> 在亲密关系中，争吵、报复都会加速对关系的损坏，有用的方法是体验你的感受，通过你的感受引领你去看到自己内在的创伤，从而开启自我疗愈的过程。

在亲密关系中，当报复行为无效后，便会进入自我放逐的阶段。在这个阶段，如果双方还没有意识到要通过自我观照去看到我们的内在，那么亲密关系将会继续滑向瓦解的边缘。

可现在的她却很执拗。他知道，一定是出了事，而且是大事。

"怎么了，想和我分居了？"以黎南行这几天对薛美杉的观察，就算他再问十次八次，她也不会说真话，他只能试试这种玩笑的方式。

果然，她抬起头，黑白分明的眸子里有一层淡淡的水雾，她想说什么，旋即又打住，然后扯唇笑了笑，"想分居的是你吧？"

黎南行不答，把她拉到床边坐下，然后又搬了一把小沙发坐在她对面，"气性可真是大，我把最近的出差计划都推了，每天陪着你，好不好？"

因为隐藏在内心深处的恐惧，我们的自我信念被外来信念所篡改，我们也会走向这个信念自证的过程。我们会尽可能捕捉到对我有利的事实，来证明自己的想法是对的。

薛美杉依旧抬着黑白分明的眼睛审视着黎南行，她想，他应该还是爱着她的。可是，从她怀孕开始，他们就没有再亲热过了，虽然他们都知道，过了怀孕初期，夫妻同房是安全的，但是他依旧如柳下惠一般，坐怀不乱，没有碰过她。

所以，他也是那种把爱和性分得很开的男人，是吗？如果是，她又该怎么做选择呢？

我们要时刻醒觉到我们内在的自我防御机制，这种机制有时会让我们放弃勇气，继而失去看到真相的机会。

"我困了。"薛美杉腿一抬，又窝到了床上。她是真的困了，最近除了喜欢发呆之外，她还经常犯困，不知道是正常的孕期反应，还是想以此故意逃避一些事情。

她总觉得，只要睡了，这些疑问就会沉寂下去，她的心就不会再这么痛。她跨越千山万水，找到了黎南行，可是现在，她忽然不太确定，黎南行到底会不会是她的依靠了。

04

这样的薛美杉让黎南行很担心。他想，无论如何，他们都要开诚布公地谈一次，但是任凭他怎么诱导，她就是不开口。

又过了几日，吃过晚饭，薛美杉又一个人跑到花房去了。黎南行跟上去，一会儿就被赶了下来，她说她要看书，需要安静。

黎南行悻悻然下楼，却在楼梯拐角看到了宋姨。宋姨有些神色惶恐，迟疑半晌还是开了口，"先生，有件事，我想和你说一下。"这件事，薛美杉是千叮咛万嘱咐，不要他们说的，但是看着这几日的情形，她很是担心，再不说，会出大事。

黎南行跟着宋姨到了客厅，"怎么了？"

宋姨依旧有些为难，"太太不让我告诉你，但我觉得还是和您说一声比较好。"

黎南行一听，整颗心都快到了嗓子眼，果然有隐情。

宋姨看了看黎南行的神色，"先生，要是我说了，你千万不能急。"

黎南行扶额，"您快说。"他不可能不急，现在，他都快要急死了。

"您回来前几天，太太接到了一个电话，我也不知道，那个电话是谁打过来的，我只听太太问，'黎南行呢'，对方好像说了一句什么，然后太太就把电话挂了，一个人去了花房，我不放心，后来就跟了上去。"

宋姨又抬眼看了黎南行一眼，黎南行对她和司机老林向来是很宽厚的，大家相处了好几年，已经越来越像一家人了。但是现在，她对黎南行却是有一点儿怕的，不只是怕黎南行发脾气，也有一些对此事的后怕。"然后我就看到太太一边哭，一边捂着肚子，我和老林把太太送到医院，医生说是假性宫缩，如果送晚了，孩子可能就没了。"

还没等宋姨说完，黎南行就转身往楼上冲，他脸色煞白，手心里全是汗，牙齿都禁不住打颤。天啊，这一切，他都不知道！她现在怀孕六个多月了，如果现在流产，后果不堪设想。

黎南行忽然很想哭，他不敢想，如果没了她，他该怎么活下去。

一楼到四楼的距离不长，但是对于黎南行来说，却有万里之遥。

黎南行冲进了花房，薛美杉果然在看书，她依旧是抬着黑白分明的大眼睛看着他。她离他很近，但是又很远，看着她的眼睛，他忽然很想抽自己一巴掌。

黎南行挪着步子，挪到她身边，然后蹲下来。他把她的手紧紧地攥到手里，然后又放到唇边，"谁给你打了电话？"

她依旧窝在躺椅上不说话，他再问，她就又闭上眼睛。

"岑曦？"他能想到的只有岑曦。

她摇了摇头。

他把他的大手放到她的脸上，她的脸也很凉，"你说过，直接是最有效的沟通方式。"

这句话她是说过，她还和他说过很多，也分享过很多。老者对她的教习，她大部分都和他分享过，她想和他一起成长，可是，又如何呢？

她看着他的眼睛，虽不想说话，但还是开了口，"电话是我打给你的。"

黎南行拧了拧眉，搜肠刮肚地想，"我说了什么？"他实在是想不起来，他到底是说了什么才会把她气成这样。

薛美杉又闭上眼睛，"有个女人说，你在洗澡。"

她原本是不想哭的，但是说完这句话，眼泪还是不受控制地流下来。去医院那天，医生说是因为情绪波动太大，才引发的假性宫缩，所以这段日子，虽然每一天都过得很艰难，但她还是忍住了。

黎南行没有安慰薛美杉，而是站起来，又腾腾腾下楼，他的手机还在卧室里。

宋姨在一楼，薛美杉在花房，所有的门都开着，然后两个人就听到黎南行站在楼梯口，几乎是在咆哮。

"没有理由，我说了，请她立马走人。"

"如果周一再让我见到她，那么你就和她一起走。"

"没有赔偿。"

"以后，在这个圈子里，都不要让我再看到她。"

薛美杉又躺了一会儿才下楼，就见宋姨在客厅里，正死命拉着黎南行的胳膊。黎南行原本穿着睡衣，现在又在睡衣外面套了一件西服，看起来很滑稽。薛美杉猜，他很有可能是要去找乔安。

薛美杉原本是生气和绝望的，如遭遇了世界末日那般。可现在生气的，却换成了黎南行，他生乔安的气，更生自己的气，气得脸色像锅底似的，手也禁不住颤抖。

黎南行在客厅里就那么站着，站了半天，薛美杉好一顿安抚，才把他牵回了卧室。

躺在床上，黎南行依旧不说话，等到薛美杉是真的困了，他才又忽然坐起来，然后把她也扶起来，"那天晚上，和客户吃饭的时候，衣服弄脏了，然后我去洗手间清理，就把手机放在了桌子上，我不知道你打电话给我，我也不知道她会接。"

薛美杉一边哈欠连天，一边点头，"嗯，知道了。"

那天她给黎南行打电话，接电话的是乔安，乔安迟疑了半晌，最后还是吞吞吐吐地回道，"他在洗澡。"洗手和洗澡，一字之差，但是给人的想象空间，却差之万里。就这一句话，她莫名其妙着了乔安的道儿，然后日日脑补各种画面，差一点儿就把自己气得半死。

"你说过，第一时间要找第一人沟通的，后来为什么不问我？"

薛美杉又躺下，她是真的困了。她为什么不问他？她想，是因为她相信了。最开始是崔杨柳的善意提醒，然后是姜米琪的情报传递，还有NAP.L愈演愈烈的流言，所有的一切，都在引导着她去相信黎南行和乔安有问题。但是，最重要的还是他，从她怀孕开始，他虽然每天围着她转，

当我们相信某种信念时，其实是因为这种信念隐藏在我们的潜意识里，它会唤醒我们的旧伤。自我疗愈不是一朝一夕的事，而是循环往复，直到所有的创伤被疗愈。

但是在性方面，他和她却是疏远了，他的疏远由不得她不胡思乱想。

"你总躲着我，我怎么问？"

黎南行把她扳过来，然后支起身子看着她，"我怎么躲着你了？我恨不得24小时陪着你。"

薛美杉脸色绯红，又把身子转过去，背对着黎南行。

电光石火之间，黎南行便明白了她的意思，他把头埋在她的颈间，狠命撕咬起来。她果然生了气，狠狠拍他的手。

他不恼，又笑，且笑出了声，"那你说，我为什么要躲着你？"他吻完她的脖颈，又在耳垂上亲。

她被亲的浑身燥热，再开口已是娇羞不堪，"我怎么知道？"

"可真是傻得可爱。"

"没错，又胖又丑又傻。"她的气消了，却依旧用着气哼哼的语气说话。

他觉得，最近的她，越来越像个孩子了。之前，她在他面前，是清冷的，就算在热恋的时候，也大多是克制的。只有现在，她是她自己，会肆意地开心，狠命地生气，她只有对着他，才会如此的肆无忌惮。

黎南行禁不住把大手放在她的肚子上，他们的孩子正在她的肚子里一天天长大，而她，现在也是他的孩子。不知道为什么，遇到她之后，他的心一天比一天柔软，柔软又慈悲。

爱可以疗愈一切，我们的亲密伴侣除了可以让我们看到自己，开启自我疗愈的机会，同时伴侣无条件的爱也能加速我们的疗愈过程。

他又把她扳过来，以便她的眼睛可以看到他的，"傻瓜，我躲着你，是因为害怕。"

薛美杉听黎南行这么一说，方如梦初醒。他坚持每天去公司接她吃饭，是害怕她在电梯里被人挤到；他强制她穿那么丑的孕妇服，是害怕她行动不便；他一而再地拒绝婆婆来京和他们同住，是害怕她受委屈。原来，他所做的一切都是希望她和孩子平安！

"你才是傻瓜！"薛美杉一边说，一边勾着黎南行的脖子，她在他的嘴唇上异常凶狠地咬了一下，然后，又是下巴。她是真的觉得，他才是最大的傻瓜。

"我是！我是！"黎南行一边抬手帮她擦眼泪，一边轻声哄着她。

她在他脸上脖子上咬了一个遍，才把他放开。因为又哭又闹，她的脸很红，皱巴巴的，但是眼睛却晶亮。

他低头，又吻了吻她，他越吻，她越哭。她忽然想起一句话，喜欢是得到，而爱是给予。她遇到了黎南行，她终于知道了爱情的样子。

> 当我们在亲密关系中感受到来自于伴侣的无条件的爱的时候，奇妙的事情就发生了，那便是我们来自童年的创伤会在这份爱中被治愈，同时也会唤醒我们去无条件给予爱的本能。

05

女人如花，纠结了一段时日之后，薛美杉又开始肆意盛开。

"体验如何？"

薛美杉坐在花房里，一边吃蛋糕，一边思考着这个问题，"是那种很细密的痛。"

现在是九月底，离预产期还有不到三个月的时间。其实这一路走来，她过得并不好，最开始的三个月，她每天都吐，吐得简直是天昏地暗。但是最痛苦的却不是这个，而是她和黎南行背后的家人带给他们的烦扰。

黎南行的母亲不喜欢薛美杉，她更喜欢岑曦。而薛美杉的母亲，虽然对黎南行的印象不错，但是她却十分不喜欢黎南行的家人，尤其是他母亲，他母亲既然不喜欢自己的女儿，她就把自己的不喜欢加倍还回去。

想起这些烦心事，薛美杉依旧头皮发麻，"你不知道，我们每次接这两个老太太的电话，都像是在受刑。"

"她们都很固执。"老者坐在秋千上，笑得像个老顽童。

薛美杉竖起大拇指，"是的，我婆婆觉得我是狐狸精，我妈妈觉得我婆婆是老巫婆。"

"而且是以爱的名义，入侵你们的婚姻。"

"无比正确。"

"也包括崔杨柳。"

听到老者提崔杨柳的名字，薛美杉忽然愣住了，她拧了拧眉，随即又点头。不可否认，在乔安事件中，崔杨柳的现身说法，起到了决定性的作用。

"这就是所谓的蝴蝶效应吗？"薛美杉禁不住问道。

老者点了点头，"但是更准确的说法却是，她们是婚姻的'入侵者'。"老者一抬手，空中又幻化出一副全息影像。

"千里之堤，溃于蚁穴？"薛美杉禁不住问道。

"其实大部分的婚姻，都是败于这种入侵。"老者道。

"是的，崔杨柳就是这样一个例子，因为婆媳不和，所以把婚姻推向了解体的方向。"

薛美杉说完这句话，又开始陷入沉思，"那怎么办呢？我的意思是说，当我们面对这些人的入侵的时候，我们该怎么办呢？因为似乎所有的入侵都不太一样，简直是防不胜防。"

老者站起来，笑了笑，"反向入侵，用正向的信念去影响他们，而不是被他们影响了。"

"正向的信念？"薛美杉有些迫不及待地问道。

"是的。"老者脸上的笑容看起来很神秘。

"那是什么？"薛美杉眸光清亮地看着老者。

"亲密关系的制胜法宝。"老者答道。

随即，空中又出现了四副全息影像，每一幅影像上都是两匹马，一辆马车。

"马车代表婚姻吗？"

"是的。"

老者刚说完，第一幅影像中的马车便动起来。两匹马在草地上撒了欢儿般向前跑去，还不时停下来耳鬓厮磨，看得出来，这是一对恩爱的马儿。可是跑着跑着，两匹马就出现了分歧，一个想去西边，一个却向北跑去。两匹马互不相让，挣扎了一番，最终，这辆马车散了。

薛美杉指着投影道，"这个说的是方向，对吗？"

老者只笑不语。

　　接着，第二幅影像上的马车也动起来，这副影像的开头，和上一幅几乎一样，但是很快便出现了不同。其中的一匹马跑着跑着，便被路边的蝴蝶迷住了，它放慢了脚步，车子的重量便都落到了另外一匹马的身上，最后两匹马还是分道扬镳了。

　　这次还没等薛美杉说话，老者就开始播放第三幅影像。

　　不出所料，开头还是一样的。但是这幅影像的结局却是，两匹马跑着跑着跑进了一个死胡同，谁都没有掉头，而是互相指责起来，最后被夜里出来讨食的老虎吃掉了。

　　看到这儿，薛美杉禁不住发出感叹，"看来走到终点还真是不容易啊。"

　　最后一幅影像，两匹马跑着跑着，一匹马受伤了，另外一匹却不管受伤的马的死活，依旧向前跑去。最后，受伤的马心灰意冷，自己掉头走掉了。

　　看完，薛美杉忽然想起托尔斯泰的一句名言："幸福的家庭都是相似的，不幸的家庭却各有各的不幸。"

　　"各有各的不幸，但是总结起来，无外乎这四种。"老者把四副影像并列排放，然后朝上一点，每一幅影像上都浮出两个大字，依次的顺序分别为：目标、投入、负责、服务。

　　薛美杉也一下子被这八个大字吸引住了，赶忙从小沙发上站起来，忍不住开口念道，"目标、投入、负责、服务。"

　　她看得出来，这正是这四副影像所要表达的意思，但她刚念完，每个词组旁边又浮现出一些大字来，"共同目标、全情投入、百分百负责、服务精神！"

薛美杉扭头看向老者，"这就是你最后要交给我的制胜法宝吗？"

老者笑了笑，随即又说道，"以共同目标，来驱动家庭这个团队向前；以行动引发这个团队中每个成员的支持；时刻记住你是一切的源头，改变由你开始，若要如何，全凭自己，而不是若要如何，全靠别人；最后，用心感受家庭成员中其他人之热切所需，贡献你自己，服务于他人，从而获得源源不断的愉悦。愉悦是爱，爱是一切！"

"就这么简单吗？"薛美杉忍不住问道。

"简单吗？"老者站起身，"可不是只让你念的，而是要去行动，去改变旧有模式，去形成新的正向的行为模式。千万要记得，这是法宝，可不是咒语！"

薛美杉也调皮起来，玉手一挥，对着空气道，"变变变！"

她最后一个变字还没说完，老者就消失得无影无踪。

06

第二天中午，薛美杉又约了崔杨柳见面，在公司附近的一家咖啡屋。薛美杉在包间里等了十几分钟，崔杨柳才姗姗来迟。

崔杨柳的眼妆有些花，好像是刚哭过，"他说他要和我争夺抚养权，其实是想逼着我复婚。"

我们的爱是天生俱足的，无须通过外界去寻找，相反，我们还可以把我们的爱无条件给予别人，当一个家庭中流动着无尽的爱，下一个循环便将开启，生活在这样家庭的孩子便会轻易感受到被爱，从而有很强的归属感和价值感。所以说，父母是我们一生力量的源头。

持久的行动，会形成行为模式，行为模式注定性格，性格决定命运。

杨光前一段时间忽然请了律师索要女儿的抚养权，但是这几天，他又改了口径，说是想复婚。对此，崔杨柳左右为难，情感上的伤痕依旧存在，一时半会儿还无法消解，但是自己一个人带孩子的日子又太苦，她不知道该如何做选择，"美杉，我现在的心好乱，想让你帮我出出主意。"

"杨柳姐，这份感情是你的，婚姻也是你的，以后的日子也是你的，其实，没有人能帮你做决定，这个决定还是要你自己做。"薛美杉理解崔杨柳进退维谷的处境，但是却给不了她任何建议，她能给她的只有自己对于婚姻的心得，以及和她分享关于经营婚姻的制胜法宝。

崔杨柳点了点头，"我感觉脑袋里好像有一团乱麻，怎么捋也捋不清楚。"

薛美杉笑笑，"这就对了。"

"嗯？"崔杨柳困惑不解。

"既然捋不清楚，那现在就放松下来，不要急着做决定，和漫长的人生相比，几天甚至几个月的时间，其实很短暂，不是吗？"

我若盛开，蝴蝶自来。之前，薛美杉不是很理解这句话的意思，但是经过这一路的成长，她终于懂了。做好自己，别人才会看到你的美好，爱自己，才会得到爱！

见过崔杨柳的第二天，薛美杉又在同一个包间见了乔安。

乔安前脚刚走，黎南行就神色慌张地推门进来，"你见她干吗？"

薛美杉不顾黎南行一脸暗沉，竟开始嬉皮笑脸，"哎，这做正宫娘娘还是很辛苦的。"

黎南行一听，脸更黑了，"别胡说八道！"

"嘿嘿，我刚才好威风的，都把她骂哭了。"乔安刚才确实是哭着出去的，却不是被她骂的，对乔安，她连责怪都没有。

她今天来见乔安，只是想和她分享一点感悟：<u>有的时候，一念就是一个选择，而一个选择便会决定一生。她不希望乔安因为一念而误入歧途，她走过歧途，知道歧途不易。</u>

一念，就是限制性信念。

黎南行原本是生气的，但看着她眸光清亮、笑容天然的样子，气瞬间便消了。他越发觉得，她像是一株奇异的植物。初见时，她奄奄一息，几近枯萎，可如今，却生机勃勃，花繁叶茂。

黎南行越看越得意，总觉得，她长得好，有他这个园丁不少的功劳。

傍晚时分，黎南行拖着薛美杉的手，两人一前一后，往咖啡屋外边走。落日的余晖洒在鳞次栉比的高楼上，也洒在他们的身上。

薛美杉一会儿抬头看天，一会儿又看地，看着看着便笑起来。

"怎么了？"黎南行问。

薛美杉指了指地上，地上有一大一小两个影子。之前，她总笑话黎南行像北极熊，现如今，她身子滚圆，也成了一只小一号的北极熊。而用不了多久，这影子的中间，就会冒出一个熊孩子。

她想，他们会一起拖着他，护着他，爱着他，开启全新的旅程。初为父母，他们还没什么经验，但是丰盛的爱，他们却是早已就准备好了。

上了车，他帮她系好安全带，然后禁不住又俯下身去。他深深地吻着她，他吻她，她便回应他。在唇舌勾弄之间，他看到了暗夜里的烛火，而她听到了小提琴上的和弦，那是灵魂中关于爱的悸动。

良久，他抬眸，"我爱你！"

她眼角微湿，"我也是！"

她想，可真好！在茫茫的人海中，在无涯的时间里，虽然一路跋山涉水、披荆斩棘，但我们还是找到了彼此。

原来，爱不在彼岸，爱是我自己，也是你！

父母是人一生力量的源头。

扩展阅读

一、练习

在日常生活中谨记共同目标、全情投入、百分百负责、服务精神四条准则，以此创造自己丰盛美满的婚姻。

1.和整个家庭一起，列出未来三个月、半年、一年的愿景和目标，并达成共识，在未来的日子里朝着这些目标行进。

2.和家人一起做掰手腕的练习，并感受练习的体验。

第一次：在两分钟内，大家互不相让，都大喊着"我是对的，我是对的"。

第二次：在两分钟内，一个人喊我是对的，一个人漠视不理。

第三次：在两分钟内，一个人喊我是对的，另一个人真诚地看向对方，回应"你是对的"；然后另外一个人喊"我是对的"，对方同样给予真诚的回应，"你是对的。"

3.重复练习，学会用负责任的心态解决争端。

4.时刻意识到你是源头，用爱带领整个家庭朝着愿景奔去。

5.每过三个月检查一下对这个原则的履行情况，并持续改进。

有时候，书只不过被当作催眠的利器，

然而，一本书能让失眠的人睡去，也能让沉睡的人醒来。

有多少书，能让我们看清这个世界，成为我们看不见的竞争力；

又有多少书，能让我们在看清这个世界的同时，仍旧热爱这个世界。

阅读增添感性，也是一种新的性感。

你所读过的任何书，都会进入你的心灵和血肉，并最终构成你最甜美的
部分。

关于人生大问题的答案，要你自己去慢慢拼凑；

但一本本的书给出的小小回答，却可以帮你抵抗终极的恐惧。

我们的一生有限，你想去的地方，你要做的事情，也许总不能完全实现。

唯有读书的时候，你可以在灵魂中撒点儿野。

要知道，人生终须一次妄想，带领我们抵达未知的生命。

你的时间那么贵，要留给懂你的人。

我们想让你在爱的路上想爱就爱，在成长的路上一直成长。

我们，也想成为你精彩人生中不可或缺的一部分。

我们秉承〝爱与阅读不可辜负〞，个人发展学会坚持〝陪你成长，持续精进〞。

让迷茫的人不迷茫，让优秀的人更优秀。

扫码有惊喜